리사 비비어의
자존감

리사 비비어의
자존감

Lisa Bevere
SELF Esteem

터치북스

Contents

1장 경쟁자가 없는 **나** — 09

2장 경쟁자가 없으신 **하나님** — 27

3장 비교할 수 없는 **약속** — 53

4장 감히 **비교하지 마라** — 83

5장 남들이 나를 **경쟁자로 볼 때** — 101

6장 경쟁하지 않는 **성**gender — 125

7장 두려움과 **사랑** — 159

8장 깊은 **우물** — 181

9장 경쟁상대가 없는 **하나님의 자녀** — 203

10장 경쟁상대가 없는 **삶** — 229

1장

경쟁자가 없는
나

1장 경쟁자가 없는 나

우리에게 필요한 것은 우리의 잠재력을 일깨우고 용기를 불어넣어줄 존재다.
랠프 왈도 에머슨(Ralph Waldo Emerson)

당신에게는 어떤 경쟁자가 있는가? 여기서 말하는 경쟁자란 스포츠 경기에서 선의의 경쟁상대나 어린 시절 부모의 관심과 사랑을 독차지하려고 싸우던 형제자매가 아니다. 여기서 경쟁자란 계속해서 나를 방해하는 존재를 뜻한다. 이런 경쟁자에겐 친구나 가족처럼 친근감이 들지 않고, 한번 경쟁의식이 발동하면 상대를 아예 경기장 밖으로 몰아내려고 애를 쓴다. 그런데 사실 당신이 꿈꿔온 인생이 경기장 밖에 있다면? 패배 자체가 불가능한 경기를 하고 있다면? 고정관념에서 벗어나면 예전과 완전히 다른 삶을 살 수 있다는 사실을 안다면?

수십 년 전 나는 세상에 종말이 찾아온다면 그건 외계인의 침략 때문이 아니라 지구상에 가득한 분열 때문일 거라는 내용의 책을 읽은 적이 있다. 이처럼 거대한 분열은 작은 말에서 출발한다. 서로를 공격하는 사소한 빈정거림은 마음에 상처를 입힌다. '너는 자격이 없어', '그리 젊지도 않아', '똑똑하지 않아', '민첩하지 않아', '부유하지 않아' 이런 빈정거림을 아무렇지 않게 넘기는 것은 쉬운 일이 아니다. 그들은 우리가 무너지기를 바라면서 집요하게 공격한다. 그런데 사람은 '너는 모자란 존재야'라는 말을 계속 들으면 그 말에 완전히 순응하게 되거나 반대로 그 말을 다른 사람에게 갚아주게 된다.

우리는 정죄당한다고 느낄 때 다른 사람을 정죄한다.
우리는 모욕감을 느낄 때 다른 사람에게 모욕감을 준다.
우리는 자기혐오에 빠질 때 다른 사람을 혐오한다.
우리 주머니가 비었을 때 다른 사람의 소유를 빼앗으려 한다.

승리자 없이 모두가 패배자가 되는 악순환은 이렇게 시작된다. 사도 바울의 고백을 묵상해 보라.

그러나 자족하는 마음이 있으면 경건은 큰 이익이 되느니라 (딤전 6:6)

경건은 하나님의 관점을 받아들이는 능력이다. 즉 하나님의 관점으로 우리 자신과 다른 사람을 보는 것이다. 자기 자신에게 만족하는 사람은 마음의 평안을 누리며 마음껏 자신의 능력을 펼칠 수 있다. 그러므로 당신의 가치를 폄하하는 사람들과 당신이 자신에게 만족하지 못하도록 방해하는 모든 것을 멀리하라. 하나님은 우리가 눈을 들어 그분을 바라보기를 바라신다. 그때 우리는 가지지 못한 것을 얻기 위해 힘을 쏟는 대신 이미 가진 것들을 발견하게 된다.

나는 당신이 이 책을 읽으면서 당신을 주눅 들게 만든 말과 자신을 증명하기 위해 싸우던 경쟁자가 누구였는지 깨닫게 되기를 바란다. 그리고 얻을 것 하나 없는 경쟁에서 이기려고 발버둥 치는 대신 진짜 전쟁에서 승리할 준비를 갖추게 되기를 바란다. 이제 이 세상에서 진정 당신이 있어야 할 자리를 되찾고 참된 자존감을 회복 할 때이다.

유기견 보호소

얼마 전 내가 한국에 가있는 동안 사랑하는 반려견 티아가 보호소 신세를 지는 일이 있었다. 일꾼이 현관문을 열어뒀는지 티아가 집을 나가서 영하의 날씨에 콜로라도 거리를 헤맸던 모양이다. 이유야 어찌됐든 그날 밤 티아는 집으로 돌아오지 않았다. 다행히 한 친절한 이웃이 티아를 자기 집에서 재우고 이튿날 동물 보호소에 데려다줬다. 티아가 전화번호가 쓰인 인식표를 매고 있긴 했지만, 예전 번호라 연락이 닿지 않았다. 설상가상으로 반려견 허가증도 만료된 상황이라 문제가 더 복잡해졌다. 티아는 엄연히 집이 있고 가족에게 사랑받는 존재였지만 그 순간만큼은 정체성을 알려줄 표식도, 도와줄 사람도 없었다.

당시 나는 그 일을 까맣게 몰랐다. 아들들이 서울에 있는 내게 그 소식을 알리지 않았기 때문이다. 그리고는 티아를 찾으려고 여기저기를 헤매고 다녔다. 찾고 또 찾았지만 티아를 찾을 수 없자 걱정과 두려움이 몰려왔다고 했다. 그런데 그때 누군가의 조언으로 동물 보호소에 전화를 걸었고 거기서 티아를 찾을 수 있었다. 티아를 다시 만났을 때 아들 오스틴은 과연 저 개가 우리 티아가 맞는지 고개를 갸우뚱할 수밖에 없었다고 했다. 힘한 시간을 보낸 티아는 깊은 절망에 빠져 있어서 오스틴을 보고도 반가워하지 않았고, 그저 우리 구석에 웅크리고 앉아 오들오들 떨 뿐이었다. 어찌됐든 티아는 무사히 집으로 돌아왔다.

집에 돌아와 그 일을 전해 듣고 나는 무척 마음이 아팠다. 그리고 티아가 걱정되었다. '왜 그랬을까? 혹시 백내장 때문에 앞이 잘 안보였을까? 나이가 들어서 방향을 잃었을까? 아니면 나를 찾고 있었던 것일까?' 사실 티아가 무사히 집에 돌아온 것에 비하면 왜 집을 나갔는지는 중요하지 않다. 그리고 더 중요한 사실은 티아가 집을 나갔을지라도 변함없이 우리 가족이라는 사실이다.

아마 당신은 지금쯤 내가 말하고 싶은 말을 눈치 챘을 것이다. 우리도 반려견을 찾기 위해 이런 수고를 하는데 하늘에 계신 우리 아버지는 우리를 찾기 위해 어떤 일을 하시겠는가? 우리의 정체성을 깨닫는 첫 걸음은 그분에게 우리가 어떤 존재인지를 분명히 아는 것이다. 요한일서 3장 1절은 이에 대해 이렇게 말한다.

아버지께서 우리에게 펼쳐 보이신 사랑은 실로 놀라운 사랑이 아닐 수 없습니다! 그 사랑을 바라보십시오. 우리가 하나님의 자녀라 불리게 되었습니다! 참으로 우리는 하나님의 자녀입니다. 세상이 우리를 알아주지 않고 우리를 진지하게 대하지 않는 것은, 하나님이 누구시며 그분이 무슨 일을 하시는지 세상이 알지 못하기 때문입니다(메시지 성경)

하나님의 놀라운 사랑은 우리가 상상할 수 있는 한계를 넘어선다. 보통 우리가 사랑이라 부르는 것과도 비교할 수 없다. 그 사랑으로 인해 우리는 구원이라는 선물을 거저 받았다. 하나님은 티아처럼 집을 나와 정체성을 잃고 두려움에 떨고 있던 우리를 위해 대신 값을 지불하셨다. 그리고 우리를 그분의 것이라고 말씀해주셨다.

동일하게? 유일하게?

우리는 공정한 것을 정의라고 생각하기 때문에 무의식중에 하나님이 모든 사람을 동일하게 사랑하신다고 생각한다. 언뜻 들으면 좋은 말 같지만 하나님의 사랑에 대한 정확한 표현은 아니다. 동일하다는 말은 다른 누군가가 우리를 대체할 수 있다는 뉘앙스를 풍기기 때문이다. 마치 "이런, 지난주에 마트에서 산 보라색 안경테가 부러졌잖아? 매장에 똑같은 물건이 있을 거야. 다시 사야겠군."라고 말하는 것처럼 말이다. 티아를 예로 들면, "십 년 넘게 사랑한 개가 집을 나가 버렸잖아? 할 수 없지. 티아를 대신할 다른 개를 사서 똑같이 사랑해 줘야겠군."이라고 말하는 것과 같다. 하지만 나는 티아를 잃어버린다면 절대 그렇게 하지 않을 것이다. 하나님 역시 마찬가지다.

어느 날, 일을 하다가 노트북 앞에서 잠깐 잠이 들었다. 퍼뜩 정신을 차린 나는 침대로 가서 제대로 자야겠다는 생각이 들어 근처에 누워있던 티아를 안고 침실로 들어갔다. 눈꺼풀이 다시 스르르 감기려는데 성령님의 속삭임이 들려왔다.

"나는 자녀들을 동일하게 사랑하지 않는단다."

그 순간 나는 충격에 사로잡혀서 잠이 확 달아났다. '이 불경스러운 생각은 대체 어디서 온 걸까?'라고 생각하며 "동일하게 사랑하지 않는다면 공평하지 않잖아요."라고 불쑥 대답했다. 내 대답에 다시 음성이 들려왔다.

"사랑이 동일하다는 말은 사랑을 측량할 수 있다는 뜻인데, 내 사랑은 측량할 수 없을 만큼 크단다. 그리고 모두를 동일하게 사랑한다면 서로 대체하거나 바꿀 수 있다는 뜻인데, 내 사랑은 그렇지 않단다. 그래서 누구도 내 마음속에서 다른 자녀를 대신하거나 쫓아낼 수 없지. 나는 자녀들을 동일하게 사랑하는 것이 아니라 유일하게 사랑한단다."

나는 숨을 크게 들이 쉬고 귀를 기울였다. 하나님은 우리를 동일하게 사랑하지 않고 유일하게 사랑하신다. 자녀가 둘 이상인 사람은 내 말을 금방 알아차렸을 것이다. 둘째나 셋째가 태어난다고 해서 첫째 아이에 대한 사랑이 반으로 줄어드는 것이 아니다. 오히려 부모의 사랑은 말할 수 없이 커진다. 그리고 각 자녀를 향한 사랑은 측량이 불가능하다. 자녀 한 명 한 명은 부모를 닮았지만 서로 다른 모습 그 자체로 사랑스럽다. 그래서 어떤 자녀가 사랑스러운 이유가 다른 자녀가 사랑스러운 이유와 정반대일 수 있다. 내 손주들을 예로 들자면, 손녀는 성격이 적극적이고 활달하지만, 손자는 사려 깊고 온화하다. 두 아이는 비교 불가하다. 나는 두 아이가 서로 다른 방식으로 인생에 접근하는 모습이 사랑스러울 뿐이다. 그들은 같은 방식으로 살지 않을 것이다. 하지만 나는 누구를 더 사랑하거나 덜 사랑하지 않고, 두 아이를 각각 유일하게 사랑한다.

하나님의 사랑은 측량할 수 없을 만큼 무한하다. 그리고 세상에 나와 같은 사람은 오직 나뿐이다. 성 어거스틴 St. Augustine은 하나님의 사랑을 절묘하게 표현했다. '하나님은 우리 각 사람을 이 세상에 존재하는 유일한 사람인 것처럼 사랑하신다.'

자녀에 대한 사랑은 브라우니나 체리파이를 나눌 때처럼 똑같이 나눌 수 없다. 사실 하나님의 사랑을 이와 비교하는 것 자체가 적절하지는 않다. 예레미야서는 이 사랑에 대해 이렇게 말한다. "내가 영원한 사랑으로 너를 사랑하기에 인자함으로 너를 이끌었다 하였노라"렘 31:3. 하나님의 사랑은 이미 확증된 것이다. 하나님은 이 세상에서 유일한 당신을 유일하게 사랑하신다. 나이가 들었든 어리든, 말랐든 뚱뚱하든 문제가 되지 않는다. 하나님은 우리가 어리고 미숙할 때도 사랑하셨고, 성숙하지만 제멋대로일 때도 사랑하신다. 하나님은 사랑 그 자체인 것이다.

우리는 유일하게 창조된 존재이기에 그분에게 유일한 사랑을 받는다. 유일하다는 말의 사전적인 의미는 '단 하나 있는 실례, 원형이나 유일한 존재'라는 뜻이다. 개인적으로 가장 마음에 드는 정의를 들자면 '동일하거나 경쟁할 상대가 없는' 상태다. 아버지 하나님이 경쟁자가 없는 독보적인 분이니 그분의 자녀인 우리 역시 경쟁자가 없는 자녀이다. 이러한 사실 하나만으로도 우리는 서로 경쟁할 이유가 없다. 다시 말하지만 이 세상에 당신 같은 사람은 오직 당신뿐이기 때문이다.

당신은 하나님의 처음이자 마지막 작품이다. 대량으로 찍어낸 공산품이 아니다. 그러므로 하나님의 사랑을 놓고 다른 자녀들과 경쟁을 벌일 필요가 전혀 없다. 하나님은 당신의 DNA를 특별하게 창조하셨으며, 세상이 깜짝 놀라도록 비밀스럽게 당신을 만드셨다. 마음을 표현하는 방법, 미소, 목소리도 모두 특별하게 만드셨다. 하나님은 오로지 당신만을 마음에 두신 채 당신의 모든 특징을 지으셨다. 그러므로 당신은 인생을 통해 당신만의 방법으로 이 세상에 하나님의 사랑을 표현한다. 만약 당신이 여성이라면, 여성일 때 당신만의 고유한 특성이 가장 탁월하게 빛나기 때문에 하나님이 당신을 여성으로 만드신 것이다. 당신은 하나님의 기쁨이다. 키가 크든지 작든지, 피부가 검든지 희든지, 그 모습 그대로 최고다. 혹시 성장하면서 어머니나 아버지가 '아들이었다면 좋았을 텐데'라고 푸념하는 소리를 들은 적이 있는가? '남성 또는 여성으로 태어났더라면 좋았을 걸'하고 생각한 적 있는가? 하지만 하나님은 당신을 지금 모습 그대로 빚으셨다는 사실을 잊지 말라. 하나님 아버지는 당신이 태어나 호흡한 순간부터 지금까지 항상 흡족해 하셨다. 당신의 모습 중에 우연히 만들어진 것은 없다.

경쟁자가 없는 자녀

앞에서 말한 것처럼 우리는 측량할 수 없는 사랑을 받는 존재로서 그분의 사랑을 더 받기 위해 경쟁할 필요가 없다. 즉 우리를 대신할 사람이 아무도 없으니 우리에겐 경쟁상대가 없는 셈이다.

그러나 친구 여러분, 우리는 분명 하나님의 자녀입니다. 그것은 단지 시작일 뿐입니다. 우리의 끝이 어떻게 될지는 아무도 모릅니다! 다만 우리가 아는 것은, 그리스도께서 밝히 나타나실 때 우리가 그분을 뵐 것이며, 그분을 뵐 때 우리도 그분과 같이 되리라는 것입니다. 그분의 오심을 손꼽아 기다리는 우리는, 순결하게 빛나는 예수의 삶을 모범으로 삼아 우리의 삶을 준비합니다(요일 3:2-3, 메시지 성경).

그렇다면 이제 다른 사람의 사랑과 인정을 얻기 위해 누군가처럼 행동할 이유가 없다. 오히려 온전히 자기 자신이 될 방법을 찾아야 한다. 특히 자신을 남과 비교하는 일을 멈추어야 한다. 비교는 우리에게서 창조적인 영감을 빼앗아가고 우리가 진짜 누구인지 알아가는 것을 방해하기 때문이다. 당신이 이 세상에서 유일하고 독보적인 존재라면 굳이 남과 비교하면서 경쟁할 필요가 있을까? 그것은 어리석은 일일 뿐이다.

우리는 그리스도의 몸 안에서, 빼어난 모양과 탁월한 기능을 부여받은 부분 부분들로 지음받았습니다. 그러므로 우리는 지음받은 본연의 모습대로 살아가야 합니다. 시기심이나 교만한 마음을 품고서 다른 사람들과 자신을 비교해서는 안됩니다. 자기가 아닌 다른 무엇이 되려고 애쓰지 마십시오(롬 12: 5-6절, 메시지 성경)

로마서의 이 구절은 우리가 남과 경쟁하는 이유를 잘 보여준다. 바로 시기심과 교만이다. 경쟁자가 없는 존재라고 해서 이미 목표에 도달했다는 뜻은 아니다. 우리는 하나님 나라의 퍼즐 조각으로서 그리스도의 몸에 기여할 재능과 소원을 가지고 목표를 향해 나아가야 한다. 그런데 교만은 자신을 과대평가하도록 만든다. '내가 몸에서 가장 중요한 기능을 맡고 있지. 난 독립적이니까 혼자서도 잘 해낼 수 있어. 그러면 남들이 나를 우러러 보겠지.' 이러한 교만은 우리를 그리스도의 몸에서 분리시킨다. 또한 시기심은 하나님이 맡겨 주신 역할을 무시하도록 만든다. 시기심은 끊임없이 '내가 맡은 역할은 너무 시시해. 저 사람이 사라져서 내가 저 역할을 맡는다면 얼마나 좋을까'라고 생각하게 만든다.

이렇게 교만과 시기심이라는 양날을 가진 검은 우리가 몸담고 있는 공동체에서 제 역할을 하지 못하도록 만든다. 원수는 교만과 시기심을 무기로 그리스도의 몸에 속한 사람들을 공격해 서로 경쟁하도록 만들고 스스로에 대한 자부심을 잃어버리도록 만든다. 나는 당신이 자신의 원래 모습을 가지고 사람들과 좋은 관계를 맺으며 어울려 살기를 바란다. 자신의 유일함과 특별함을 기쁘게 여기면서 말이다.

한편, 자신의 원래 모습을 표현하지 않는 것은 남들에게 자신을 함부로 대해도 좋다고 허락하는 것이나 마찬가지다. 사람들은 모조품이나 복제품을 기가 막히게 잘 가려낸다. 눈으로 보이는 것들을 다 따라 해도 말, 행동, 모습에서 드러나는 공허함이 진짜가 아님을 알려주기 때문이다. 그래서 남들처럼 되려고 따라하다가는 깊은 절망감에 빠지기 쉽다. 만약 인생이 시험 문제라면 오답은 하나다. 바로 당신이 스스로 선택하지 않는 것이다.

또한 자신의 특별함을 인정하지 않는 것은 하나님 아버지의 사랑을 가볍게 여기는 것과 같다. 다른 사람들의 눈에 자신이 어떻게 비칠지를 신경 쓰면서 옷, 머리, 보석, 화장으로 자신을 다 표현할 수 있다고 착각하지 마라. 그런 것들은 당신 본연의 모습을 다 드러내지 못한다. 자신의 특별함을 발견하지 못하고 주변을 두리번거리면서 남의 의견에 휘둘리는 것은 시간낭비다. 더 늦기 전에 자신의 특별함을 인정하고 발견하라.

누구에게 속해 있는가?

하나님이 당신을 구원하신 것이 끝이라고 생각한다면 당신은 많은 것을 놓치고 있는 것이다. 하나님은 우리를 원래 있던 자리로 되돌리는 데 그치지 않으시고, 우리를 높이시고 그분의 의로 빛나게 하셨다. 그러므로 하나님 아버지는 우리를 정의할 권리를 가진 유일한 분이시다. 어머니가 당신을 뱃속에 품고 낳아서 길렀다면, 하늘에 계신 아버지는 당신의 밑그림을 그리고 존재하라고 명령하셨다. 그리고 당신이 길을 잃었을 때 '너는 나의 것'이라고 다시 불러 구원해 주셨다. 세상의 시간이 멈추는 날, 당신은 이 세상에서의 삶은 한 알의 씨앗에 불과했음을 깨닫게 될 것이며, 천국에서 가장 당신다운 모습으로 영원히 살게 될 것이다. 그래서 지금 당신이 어떻게 살고 있든지 간에 당장해야 할 중요한 일은 당신이 진정 누구이며, 누구에게 속해 있는가를 찾는 것이다.

앞에서 말한 것처럼 '우리에게 필요한 것은 우리의 잠재력을 일깨우고 용기를 불어넣어줄 존재다.' 하나님은 우리에게 끊임없이 용기를 불어넣으시며, 우리가 가능한 한 빨리 우리의 정체성을 깨닫게 되기를 원하신다. 예수 그리스도의 사랑하심으로 우리의 정체성은 이미 회복되었음에도 불구하고 사람들은 자신이 하는 일이나 가진 것, 또는 자신이 사랑하는 사람들을 통해 자신의 정체성을 확인하면서 만족해한다. 그러나 순식간에 사라져버릴 그러한 것들로 자신의 정체성을 정의하는 것은 참으로 어리석은 짓이다. 우리가 가진 것과 하는 일, 주변 사람들은 언제든지 변해버리기 때문이다. 그와 달리 절대로 변하지 않는 것은 당신의 존재와 당신의 창조주다.

우리가 어딘가 가려고 할 때 단순히 목적지가 어디인지를 아는 것만으로는 충분하지 않다. 자신이 누구인지를 아는 것이 어디로 가는지를 아는 것보다 훨씬 중요하다. 예수님은 이에 대해 이렇게 말씀하셨다. "사람이 만일 온 천하를 얻고도 제 목숨을 잃으면 무엇이 유익하리요 사람이 무엇을 주고 제 목숨과 바꾸겠느냐?" 마 16:26.

창조주 하나님은 우리가 누구인지에 대해 가장 정확하게 알려 주실 수 있는 분이시다. 내가 진정 누구인가를 알면 앞으로 무엇이 될 수 있는지도 알 수 있다.

나는 누구인가?

자신을 알기 위해 과거를 살펴볼 필요는 없다. 또는 사회적 지위나 관계상의 지위를 언급할 필요도 없다. 당신은 지금 우리는 페이스북 정보를 업데이트하고 있는 게 아니다. 내가 누구인지 남들에게 드러내는 것이 목적이 아니라는 뜻이다. 당신이 누구인지를 가장 잘 알아야 할 사람은 바로 당신 자신이다.

펜을 들고 눈을 감아보자. 그리고 창조주 하나님이 당신을 뭐라고 부르시는지 자문해 보라. 잠시 묵상한 후 귀를 기울이고 하나님이 속삭이시는 단어나 구절 세 개를 적어 보자. 당신에 대해 남들이 하는 말이 아닌 하나님의 말씀을 들어 보라. 하나님이 당신의 삶에 대해 뭐라고 말씀하시는가? 당신 자신을 그렇게 바라본 지 오래되지 않았는가?

물론 하나님은 절대로 성경에 배치되는 말씀을 하지 않으신다. 또한 성령님은 성경에 기록된 말씀이 살아 움직이게 하신다. 당신이 혹시 '성경을 읽기만 하면 되지 굳이 묵상으로 하나님의 음성을 들을 필요가 있을까?'라고 생각할지 모르겠다. 그러나 히브리서 12장 28절에 이런 말씀이 있다. "하나님께서는 냉담한 방관자가 아니십니다"메시지 성경. 또 요한계시록에서 아래의 말씀이 무려 일곱 번이나 반복되는데, 나는 이것이 하나님이 오늘날 우리에게 하시는 말씀이라고 확신한다.

너의 귀는 지금 깨어 있느냐? 귀 기울여 들어라. 바람 불어오는 그 말씀에, 교회들 가운데 불어오는 그 성령에 귀를 기울여라(계 2: 7, 11, 17, 29; 3: 6, 13, 22, 메시지 성경)

성경 한 권에서 같은 질문이 일곱 번이나 반복된다는 건 그만큼 중요하다는 뜻이다. 나는 이 말씀을 통해 우리가 잠들어 있을 때에도 우리의 귀는 깨어 있을 수 있다는 것을 깨달았다. 나는 당신이 하나님의 음성을 듣기를 바란다. 조용히 하라며 성령님을 밀어내던 태도를 돌이켜 이제 내게 말씀해 달라고 그분을 초청해 보자. 성령님과 일대일로 대화할 준비를 하라. 하나님이 당신의 우정, 결혼, 가족 등의 주제에 대해 말씀하시도록 마음의 문을 열겠는가? 지금 바로 하나님의 음성을 듣겠다고 결단하라.

하나님께서 당신에게 맡기신 소명을 의심해서는 안 된다. 머뭇거리거나 두려움으로 물러서는 순간 하나님이 우리의 계획이 방해를 받는다. 하나님은 우리의 과거가 더 이상 우리를 얽어매지 않도록 구원하시고 회복시키셨다. 그리고 정체성을 바꾸려 하신다. 물론 시기나 비난, 어떤 생각들이 우리의 인생을 더 단련시켜 줄 수도 있다. 그렇더라도 우리의 정체성의 핵심은 하나님이다.

우리는 특별한 사랑을 받은 존재이면서 동시에 다른 사람에게 하나님 사랑을 보여주어야 하는 존재다. 그렇기에 하나님이 우리를 그토록 간절히 찾으셨던 것이다. 하나님의 자녀로서의 정체성은 우리가 하나님이 창조하신 모습대로 성화되어가면서 점점 더 드러난다. 많은 사람들이 자기 자신을 발견하거나 재창조하려고 애쓰고 있는 이 시대에 하나님은 이미 만들어 놓으신 자신의 작품들을 완성해가고 계신 것이다. 이 책은 우리를 하나님이 창조하신 원래 모습으로 인도하는 초청장이다.

나눔 질문

1. 자신이 누구인지를 아는 것이 어디로 가고 있는지를 아는 것보다 중요한 이유가 무엇인가?

2. '동일한 사랑'보다 '유일한 사랑'이 나은 이유는 무엇인가?

3. 당신의 특별함을 인정하지 못하도록 방해하는 경쟁자는 누구인가?

4. 당신이 하고 있는 일이 아니라 당신의 존재에 대해 설명해보라.

5. 하나님은 당신을 뭐라고 부르시는가? 잠잠히 그분의 음성을 묵상해 보라.

2장

경쟁자가 없으신 하나님

2장 경쟁자가 없으신 하나님

인쇄된 활자는 그저 개념에 불과하며 당신은 몸소 그것을 경험해야만 알 수 있다.
- 성 어거스틴(St. Augustine)

주님 같은 분 없네

1980년대 후반에 인테그리티 뮤직Integrity Music이라는 음반사는 전 세계의 예배 음악을 매달 음반으로 냈는데 우리 가족은 그 예배 음반을 좋아해 카세트테이프가 도착하면 테이프가 늘어날 때까지 듣곤 했다. 수록된 찬양 중에 "주님 같은 분은 없네"Nobody liked God라고 외치는 부분이 있었는데, 당시 세 살이던 둘째 아들은 찬양이 나올 때마다 온힘을 다해서 그 선포를 따라 했었다.

하나님은 자녀들을 혼자 모든 일을 준비하시고 마치시며 자녀들이 이야기보따리를 풀어달라고 조르는 것을 기뻐하신다. 그렇다고 해서 하나님이 높은 곳에서 방관자처럼 우리를 지켜보고 계신다는 뜻은 아니다.

하나님은 과거, 현재, 미래를 동시에 보신다. 하나님은 일을 시작하실 때 마지막을 보신다. 또한 일을 끝마치시면서 새 일을 시작하신다. 하지만 하나님은 우리를 통해서 세상을 보기를 원하신다. 우리의 눈이 필요해서가 아니라 우리에게 그분의 비전을 주셨기 때문이다. 지극히 높으신 하나님을 우리의 머리로는 다 이해할 수 없다. 이에 대해 시편 96편은 이렇게 찬양했다.

> 새 노래로 여호와께 노래하라 온 땅이여 여호와께 노래할지어다 여호와께 노래하여 그의 이름을 송축하며 그의 구원을 날마다 전파할지어다 그의 영광을 백성들 가운데에, 그의 기이한 행적을 만민 가운데에 선포할지어다 여호와는 위대하시니 지극히 찬양할 것이요 모든 신들보다 경외할 것임이여 만국의 모든 신들은 우상들이지만 여호와께서는 하늘을 지으셨음이로다 존귀와 위엄이 그의 앞에 있으며 능력과 아름다움이 그의 성소에 있도다 만국의 족속들아 영광과 권능을 여호와께 돌릴지어다 여호와께 돌릴지어다 여호와의 이름에 합당한 영광을 그에게 돌릴지어다 예물을 들고 그의 궁정에 들어갈지어다 아름답고 거룩한 것으로 여호와께 예배할지어다 온 땅이여 그 앞에서 떨지어다 (시 96:1-9)

하나님을 얼마나 크신 분으로 생각하느냐에 따라 하나님의 계획을 믿고 순종할 수도 있고, 자신도 모르는 사이에 거부할 수도 있다. 과거에 자기 자신을 지극히 높다고 여기던 존재가 있었다. 그는 여러 모로 뛰어난 천사장이었다. 우리는 지금 이 천사장을 사탄으로 알고 있지만, 원래 그의 이름은 '루시퍼'였다. 루시퍼란 새벽에 반짝이는 별, 즉 계명성을 일컫는 말이다. 루시퍼는 예배를 관장하는 천사로서 하나님의 영광을 보면서 그분의 거룩한 임재 가운데 서 있었다. 에스겔서 28장 12~17절은 이러한 루시퍼의 모습이 잘 묘사되어 있다.

> 너는 완전한 도장이었고 지혜가 충족하며 온전히 아름다웠도다 네가 옛적에 하나님의 동산 에덴에 있어서 각종 보석 곧 홍보석과 황보석과 금강석과 황옥과 홍마노와 창옥과 청보석과 남보석과 홍옥과 황금으로 단장하였음이여 네가 지음을 받던 날에 너를 위하여 소고와 비파가 준비되었도다 너는 기름 부음을 받고 지키는 그룹임이여 내가 너를 세우매 네가 하나님의 성산에 있어서 불타는 돌들 사이에 왕래하였도다 네가 지음을 받던 날로부터 네 모든 길에 완전하더니 마침내 네게서 불의가 드러났도다 네 무역이 많으므로 네 가운데에 강포가 가득하여 네가 범죄하였도다 너 지키는 그룹아 그러므로 내가 너를 더럽게 여겨 하나님의 산에서 쫓아내고 불타는 돌들 사이에서 멸하였도다 네가 아름다우므로 마음에 교만하였음이여 네가 영화로우므로 네 지혜를 더럽혔음이여

하나님은 루시퍼를 지혜가 뛰어나며 여러 모로 완벽한 존재로 만드셨다. 그런데 어느 순간부터 루시퍼가 드리는 예배가 달라졌다. 언제부턴가 이 아름답고 지혜로운 피조물이 하나님을 창조주가 아닌 경쟁자로 바라봤다는 것을 충분히 짐작할 수 있다. 사실 예배는 하나님을 떠나서는 우리가 아무것도 아님을 고백하는 것인데 언제부턴가 사탄은 그것을

인정하고 싶지 않았을 것이다. 이사야 선지자는 루시퍼의 타락을 이렇게 표현했다.

> 너 아침의 아들 계명성이여 어찌 그리 하늘에서 떨어졌으며 너 열국을 엎은 자여 어찌 그리 땅에 찍혔는고 네가 네 마음에 이르기를 내가 하늘에 올라 하나님의 뭇 별 위에 내 자리를 높이리라 내가 북극 집회의 산 위에 앉으리라 가장 높은 구름에 올라가 지극히 높은 이와 같아지리라 하는도다(사 14:12-14)

결론적으로 루시퍼는 지극히 높으신 이와 같아지기는커녕 자신을 파멸로 몰아넣었다. 계명성은 결국 속이는 자, 사탄이 되고 말았다. 그의 파멸은 교만한 마음에서 비롯되었다. 이처럼 교만은 자기 자신을 높이도록 부추기지만 겸손은 교만을 물리친다. 겸손한 이사야는 하나님을 만난 후 자신이 망하게 되었다고 탄식했다.

> 그 때에 내가 말하되 화로다 나여 망하게 되었도다 나는 입술이 부정한 사람이요 나는 입술이 부정한 백성 중에 거주하면서 만군의 여호와이신 왕을 뵈었음이로다 하였더라(사 6:5)

이사야의 겸손한 고백에 하나님의 역사가 일어났다. 루시퍼가 드나들던 제단의 숯을 이사야에게 내리신 것이다.

그 때에 그 스랍 중의 하나가 부젓가락으로 제단에서 집은 바 핀 숯을 손에 가지고 내게로 나아와서 그것을 내 입술에 대며 이르되 보라 이것이 네 입에 닿았으니 네 악이 제하여졌고 네 죄가 사하여졌느니라 하더라(사 6:6-7)

이처럼 하나님은 우리에게 자신을 계시하시며, 우리는 그 계시를 통해 하나님을 알고 예배한다. 한편, 하나님은 존재 자체가 홀로 존재하는 분이시다. 하나님 이전에도 이후에도 하나님 같은 분은 없다. 하나님은 과거에도 계셨고, 지금도 계시며, 앞으로도 계실 분이시다. 또한 하나님은 보이지 않지만 분명히 살아계신 분이시다. 로마서는 이에 대해 이렇게 말한다.

그러나 하나님이 실재하신다는 것은 너무도 분명한 근본 사실입니다. 그저 눈을 떠 보기만 해도 보이지 않습니까! 하나님이 창조하신 것을 찬찬히 그리고 유심히 바라보았던 사람들은 언제나, 그 눈으로는 볼 수 없는 것 – 이를테면, 그분의 영원한 능력이나 신성의 신비 – 을 볼 수 있었습니다. 따라서 누구도 변명할 수 없습니다(롬 1:19-20절, 메시지 성경)

개역개정판에서는 이렇게 옮겼다.

이는 하나님을 알 만한 것이 그들 속에 보임이라 하나님께서 이를 그들에게 보이셨느니라 창세로부터 그의 보이지 아니하는 것들 곧 그의 영원하신 능력과

신성이 그가 만드신 만물에 분명히 보여 알려졌나니 그러므로 그들이 핑계하지 못할지니라

세상의 모든 만물이 창조주 하나님을 계시한다. 1장에서 나는 하늘 아버지가 경쟁자가 없는 유일하고 특별한 분이시니 자녀인 우리도 유일하며 특별한 존재라고 말했다. 또한 하나님이 그런 우리를 있는 그대로 사랑하시기에 우리에겐 경쟁자가 없다고 말했었다. 그러므로 우리의 정체성을 보다 정확하게 알려면 하나님의 정체성과 그분과 우리의 관계를 더 깊이 이해해야 한다. 메리엄웹스터 사전은 하나님을 '능력, 지혜, 선함에 있어 완벽한 존재로서 창조자요, 우주의 지배자로 숭배 받는다.'라고 정의한다. 하지만 사전적 정의는 극히 제한적이며 하나님을 이 세상의 언어로 표현해내는 일은 필연적으로 이 세상의 관점에 얽매일 수밖에 없다. 이 때문에 무한하신 하나님을 일부분밖에 해석할 수 없는 것이다. 정의내리는 일이 불가능하다면 하나님을 묘사하는 일은 가능할까? 묘사 역시 불가능하다. 그분은 감히 누구도 가까이 할 수 없는 빛이시기 때문이다.

그분은 정한 때에 나타나실 것입니다. 복되시고 의심할 여지 없는 통치자이시며 지극히 높으신 왕, 지극히 높으신 하나님께서 그분의 오심을 보증해 주셨습니다. 그분은 죽음이 건드릴 수 없는 유일하신 분이며, 누구도 가까이 할 수 없는 밝은 빛이십니다. 그분은 사람의 눈으로 본 적도 없고, 볼 수도 없는 분이십니다! 그분

께 영광과 영원한 주권이 있기를! 오, 그렇습니다(딤전 6:15-16, 메시지 성경).

그러므로 폭풍 속에서 하나님의 말씀을 들은 욥의 고백이 곧 우리의 고백이 될 수밖에 없다. "내가 주께 대하여 귀로 듣기만 하였사오나 이제는 눈으로 주를 뵈옵나이다. 그러므로 내가 스스로 거두어들이고 티끌과 재 가운데에서 회개하나이다"욥 42:5-6.

인정합니다. 전에는 내가 주님에 대한 소문만 들었으나 이제는 내 눈과 내 귀로 직접 보고 들었습니다! 잘못했습니다. 용서해 주십시오. 다시는 그렇게 하지 않겠습니다. 맹세합니다! 다시는 전해 들은 말의 껍질, 소문의 부스러기에 의존해 살지 않겠습니다.

하나님의 계시는 욥이 하나님에 대해 더욱 갈망하게 만들었다. 요즘 대다수의 그리스도인들처럼 팟캐스트와 페이스북으로 설교를 듣고 '좋아요'를 누르는 수준으로 하나님을 아는 것에 만족한다면, 그것은 남의 잔치에서 먹고 남은 부스러기에 만족하는 것과 같다. 내가 말하고 싶은 것은 하나님에 대해 이야기하는 것과 당신에게 직접 말씀하시는 하나님을 만나는 것은 차원이 다른 일이라는 것이다. 그래서 우리는 하나님의 음성을 듣기를 더욱 갈망해야 한다.

현대 교회의 많은 그리스도인이 우리가 섬기는 하나님이 이 시대에는 더 이상 말씀하지 않으신다고 말한다. 그런 추측은 하나님의 성품을 왜곡하는 것이다. 하나님은 지금도 그분이 지으신 우주만물을 통해서 말씀하고 계시며, 성령님을 통해서 말씀하시고, 성경을 통해서 말씀하신다. 하나님은 귀 먹고 말 못하는 우상이 아니시며, 대답 없이 듣기만 하는 신도 아니시다. 또 하나님은 그리스도의 몸인 교회의 다른 지체들을 통해서도 말씀하신다. 나는 이 책을 통해서도 하나님이 당신에게 말씀하실 수 있다고 믿는다. 이처럼 하나님은 늘 우리에게 말씀하고 계신다. 문제는 우리가 그 말씀에 귀를 기울이고 있느냐이다. 혹시 당신이 그분을 피하고 경계선을 긋고 있는 것은 아닌가? 하나님은 경쟁자도 없고 한계도 없으신 분이시다. 우리는 이 사실을 믿어야 한다. 그리고 그분이 우리와 개인적으로 교제하시기를 원하신다는 사실도 믿어야 한다.

위대한 신학자 토머스 아퀴나스Thomas Aquinas는 일생의 대부분을 하나님에 대해 글을 쓰면서 보냈다. 성직자이면서 철학자였던 아퀴나스는 당시의 새로운 과학적 발견을 창조주에 대한 자신의 이해와 접목시키려고 애썼다. 그러다 숨을 거두기 석 달 전에 영원한 세상에 관한 환상을 봤다. 그는 경외감에 사로잡혀 다음과 같은 짧은 글을 남기고는 더 이상 펜을 들지 않았다.

> 나의 수고에도 끝이 왔다. 내게 보여주신 환상을 보니 이제껏 내가 쓴 글은 지푸라기에 불과하다.

뛰어난 문장가로 추앙받던 아퀴나스가 일생의 역작을 지푸라기에 빗댄 것이다. 자신이 하나님에 대해 쓴 글과 실제로 만난 하나님 사이에 어마어마한 차이가 있음을 빗대어 표현한 것이다. 아퀴나스가 마지막으로 남긴 문장은 어쩌면 그가 이십 년 넘게 공들여 쓴 책보다 훨씬 더 많은 내용을 함축하고 있는지 모른다. 천 년 전에 같은 경험을 했던 어거스틴도 '하나님을 미처 모를 때가 가장 잘 아는 때'라는 비슷한 고백을 했다. 이처럼 우리가 하나님이 어떤 분이신지 다 알 수 없다고 겸손하게 고백할 때가 바로 하나님의 계시가 시작되는 때다.

하나님은 누구신가?

하나님 아버지는 우리가 그분의 목소리를 듣기 위해 더 가까이 다가오기를 원하신다. 불이 얼마나 뜨거운지에 대해 지식으로 아는 것과 경험하여 아는 것은 완전히 다르다. 그렇기 때문에 하나님은 우리가 하나님을 경험하기를 원하신다. 그래서 진짜 하나님을 알기를 원하신다. 하나님은 성경을 통해 스스로를 직접 소개하셨다.

- 우리 하나님 여호와는 오직 유일한 여호와이시니 (신 6:4, 막 12:29, 갈 3:20, 딤전 2:5, 약 2:19)
- 주 하나님이 이르시되 나는 알파와 오메가라 (계 1:8, 21:6, 22:13)
- 하나님이 모세에게 이르시되 나는 스스로 있는 자이니라 (출 3:14)
- 여호와 이스라엘의 하나님을 영원부터 영원까지 송축할지로다 (대상 16:36)
- 믿음이 주요 또 온전하게 하시는 이인 예수를 바라보자 (히 12:1)
- 태초에 하나님이 천지를 창조하시니라 (창 1:1)
- 하나님이 능히 이 돌들로도 아브라함의 자손이 되게 하시리라 (마 3:9)

- 하나님은 사랑이심이라 (요일 4:7-8, 16)
- 하나님 한 분 외에는 선한 이가 없느니라 (막 10:18, 눅 18:19, 딤전 4:4)
- 너희 중에 계신 너희의 하나님 여호와는 질투하시는 하나님이신즉 (신 6:15, 눅 17:21, 고전 14:25)
- 그의 증언을 받는 자는 하나님이 참되시다는 것을 인쳤느니라 (요 3:33)
- 나는 너희를 치료하는 여호와임이라 (출 15:26)
- 하나님은 영이시니 (요 4:24)
- 오직 하나님에게서 온 자만 아버지를 보았느니라 (요 6:46, 빌 2:11)
- 하나님도 인자로 말미암아 영광을 받으셨도다 (요 13:31)
- 하나님이 나의 증인이 되시거니와 (롬 1:9, 빌 1:8, 살전 2:5)
- 복음에는 하나님의 의가 나타나서 (롬 1:17)
- 하나님이 우리를 위하시면 누가 우리를 대적하리요 (롬 8:31)
- 그는 만물 위에 계셔서 세세에 찬양을 받으실 하나님이시니라 (롬 9:5, 엡 4:6)
- 네 하나님 여호와는 자비하신 하나님이심이라 (신 4:31, 롬 12:1)
- 하나님은 미쁘시도다 (고전 1:9, 10:13, 고후 1:18)
- 하나님의 어리석음이 사람보다 지혜롭고 (고전 1:25)
- 하나님은 무질서의 하나님이 아니시요 (고전 14:33)
- 오직 화평의 하나님이시니라 (고전 14:33)
- 우리의 만족은 오직 하나님으로부터 나느니라 (고후 3:5)
- 여호와라 여호와라 자비롭고 은혜롭고 노하기를 더디하고 (출 34:6, 느 9:17)
- 그는 은혜로우시며 자비로우시며 노하기를 더디하시며 (욜 2:13, 나 1:3)

- 하나님이 그를 지극히 높여 (빌 2:9)
- 너희 안에서 행하시는 이는 하나님이시니 (빌 2:13)
- 그는 보이지 아니하는 하나님의 형상이시요 (골 1:15)
- 하나님의 진노가 임하느니라 (골 3:6)
- 이는 하나님의 공의로운 심판의 표요 (살후 1:5)
- 이것이 우리 구주 하나님 앞에 (딤전 2:3, 4:10)
- 하나님의 말씀은 매이지 아니하니라 (딤후 2:9)
- 만물을 지으신 이는 하나님이시라 (히 3:4)
- 하나님은 불의하지 아니하사 (히 6:10)
- 살아계신 하나님의 (히 10:31)
- 하나님은 소멸하는 불이심이라 (신 4:24, 히 12:29)
- 하나님은 빛이시라 (요일 1:5)
- 하나님은 우리 마음보다 크시고 (요일 3:20)
- 곧 살아 있는 자라 내가 전에 죽었었노라 볼지어다 이제 세세토록 살아 있어 (계 1:18)
- 거룩하다 거룩하다 주 하나님 곧 전능하신 이여 (계 4:8)
- 주 하나님 곧 전능하신 이여 (계 11:17)
- 여호와는 나의 힘이요 (출 15:2)
- 노래시며 (출 15:2)
- 여호와는 질투라 이름하는 질투의 하나님임이니라 (출 34:14, 신 4:24)
- 하나님은 사람이 아니시니 (민 23:19, 신 4:24)

- 여호와는 신 가운데 신이시며 주 가운데 주시요 (신 10:17)
- 크고 능하시며 두려우신 하나님이시라 (신 10:17)
- 사람을 외모로 보지 아니하시며 (신 10:17)
- 그는 네 찬송이시요 (신 10:21)
- 너희를 위하여 너희 적군과 싸우시고 (신 20:4)
- 여호와는 용사시니 (출 15:3)
- 영원하신 하나님이 네 처소가 되시니 (신 33:27)
- 하나님 외에 누가 반석이냐 하나님은 나의 견고한 요새시며 (삼하 22:32~33)
- 여호와는 하나님이시요 그 외에는 다른 신이 없음을 (신 4:35, 왕상 8:60)

이 외에도 하나님이 자신을 직접 소개한 구절들은 많다. 먼저 하나님의 세 가지 본성을 집중적으로 살펴보자.

유일하신 하나님

이스라엘아 들으라 우리 하나님 여호와는 오직 유일한 여호와이시니 너는 마음을 다하고 뜻을 다하고 힘을 다하여 네 하나님 여호와를 사랑하라 (신 6:4-5)

이 구절에서 '유일한'이라는 표현을 우주 최고의 신을 뽑는 대회에서 하나님이 일등을 했다는 식으로 오해해선 안 된다. '유일한'이라는 표현은 하나님이 많은 신들 중 한 분이 아니라, 하나님 외에 다른 신이 없다는 뜻이다. 다시 말해 이 세상에 두 번째, 세 번째 신이란 없다. 하나님만이 하나님이시며 유일하게 경배 받으실 분이시다. 예수님은 이에 대해 이렇게 말씀하셨다.

> 예수께서 이르시되 네 마음을 다하고 목숨을 다하고 뜻을 다하여 주 너의 하나님을 사랑하라 하셨으니 이것이 크고 첫째 되는 계명이요(마 22: 37-38)

우리는 마음과 목숨과 뜻을 다하여 하나님을 예배해야 한다. 하나님은 우리가 나누어진 마음으로는 그분을 섬길 수 없다는 사실을 잘 아신다. 하나님은 우리와의 관계가 불안해서가 아니라 우리가 다른 길로 빠져 헤매지 않게 하려고 이 계명을 주신 것이다. 불행히도 오늘날에는 종교가 있다고 말하는 사람조차 그리 많지 않다. 신을 믿지 않는 사람들에게 하나님 외에 다른 신을 섬기지 말라는 계명이 무슨 의미가 있느냐고 생각할 수도 있다. 하지만 현대인들은 스스로 만든 우상을 섬길 가능성이 크다. 이에 대해 하나님은 성경에서 미리 경고하셨다.

> 너희는 자기를 위하여 우상을 만들지 말지니 조각한 것이나 주상을 세우지 말며 너희 땅에 조각한 석상을 세우고 그에게 경배하지 말라 나는 너희의 하나님 여호와임이니라 (레 26:1)

현대인들은 마당에 돌로 우상을 세우지 않고 마음속에 우상을 세운다. 쉽게 말해서 특별히 힘을 쏟는 대상이나 반대로 힘을 얻는 원천이 전부 우상인 것이다. 뿐만 아니라 위기의 순간에 우리가 피난처로 삼는 대상도 모두 우상이라고 볼 수 있다. 따라서 오늘날 우상은 음식부터 SNS까지 무척 다양하다. 그러나 하나님만이 우리의 힘이요 생명이며 피난처이시다. 하나님을 제외한 어떤 사람, 관계, 조직이나 물건도 우리에게 하나님처럼 영향력을 행사해서는 안 된다.

어떤 사람에게는 감정이 우상 노릇을 한다. 자기 자신을 바라보는 관점도 자신의 느낌에 따라 달라진다. 그래서 자신이 아름답게 느껴지는 날도 있고 그렇지 않은 날도 있다. 하지만 이렇게 감정이 기준이 되면 머지않아 길을 잃고 만다. 진리를 말하자면 우리가 아름다운 것은 하나님이 구원으로 아름답게 하셨기 때문이다시 149:4. 하나님이 모든 것을 때를 따라 아름답게 하셨기 때문이다전 3:11. 또한 하나님이 이미 당신의 인생을 축복하셨기 때문이다. 그러므로 하나님의 말씀 외에 다른 것들이 우리 인생에 더 영향력을 끼치게 해서는 안 된다. 예배자였던 다윗은 우상 숭배에 대해 이렇게 말했다.

> 그들의 우상들은 은과 금이요 사람이 손으로 만든 것이라 입이 있어도 말하지 못하며 눈이 있어도 보지 못하며 귀가 있어도 듣지 못하며 코가 있어도 냄새 맡지 못하며 손이 있어도 만지지 못하며 발이 있어도 걷지 못하며 목구멍이 있어도 작은 소리조차 내지 못하느니라 우상들을 만드는 자들과 그것을 의지하는 자들이 다 그와 같으리로다(시 115:4-8)

마지막 절의 "우상을 만드는 자들과 그것을 의지하는 자들이 다 그와 같으리로다"라는 말이 무슨 뜻일까? 당신이 우상이나 어떤 사람을 높이면 그에게 제약을 받는다. 우상은 움직일 수도 없고 다른 대상에게 생명을 불어넣을 능력이 전혀 없다. 우상을 숭배하는 사람도 하나님이 주신 생명과 자유를 잃어버린다. 반면 우리가 하나님을 예배하면 영광스러운 그분의 형상을 닮아간다. 하나님은 유일하신 분이다. 그렇기에 그분을 닮으면 우리도 우리의 유일함과 특별함을 온전히 드러내며 살게 된다. 우리는 누군가의 제자가 될 수는 있지만 그 사람을 경배해서는 안 된다.

알파와 오메가이신 하나님

하나님은 알파와 오메가이시다. 이 말은 하나님이 영원부터 영원까지 계시다는 말이다. 알파와 오메가는 그리스 알파벳의 첫 번째와 마지막 글자다. 그렇기에 우리는 하나님의 조언을 듣고 그분의 인도를 받아야 한다. 우리는 시간이 흘러야만 이해할 수 있는 것들을 하나님은 전부 꿰뚫고 계시기 때문이다. 이사야 선지자는 이에 대해 이렇게 고백했다.

> 너희는 옛적 일을 기억하라 나는 하나님이라 나 외에 다른 이가 없느니라 나는 하나님이라 나 같은 이가 없느니라 내가 시초부터 종말을 알리며 아직 이루지 아니한 일을 옛적부터 보이고 이르기를 나의 뜻이 설 것이니 내가 나의 모든 기뻐하는 것을 이루리라 하였노라 (사 46: 9-10)

메시지 성경에는 같은 성경 구절이 이렇게 번역되어 있다.

너희 역사를 기억하여라. 그 다사다난했던 시간을 기억하여라. 나는 하나님이다. 너희에게 유일한 하나님이었고, 앞으로도 그럴 것이다. 비교할 수 없고 대체할 수 없는 하나님이다. 맨 처음부터 나는 끝이 어떻게 될 것인지 너희에게 알려 주었고, 앞으로 일어날 일을 늘 일러 주었다. '이는 내가 오래전부터 벌여 온 일, 나는 내가 계획한 일을 그대로 이룰 것이다'라고 너희에게 확신시켰고

하나님은 태초부터 끝에 대해 말씀하셨다. 우리의 과거만 돌아봐도 하나님의 신실하심을 알 수 있다. 하나님은 해가 뜨려는 순간에 이미 그 하루가 어떻게 저물지를 아신다.

지금까지 나는 오랫동안 너희와 함께해 왔다. 내가 무슨 일을 할지 미리 너희에게 일러 주었고, 그 일을 행했으며, 실제로 일이 이루어졌다(사 48:3, 메시지 성경)

하나님은 말씀하신 일을 반드시 끝마치신다. 어떤 일도 끝맺음 없이 내버려두지 않으신다. 무언가에 휘둘려서 마음을 바꾸거나 물러서지 않으신다. 그의 아들 예수 그리스도를 이 땅에 보내신 것은 이런 하나님의 계획이셨다.

그래서 일이 일어나기 전에 먼저 무슨 일이 있을지 너희에게 미리 알려 준 것이

다. 그러니 너희는 이제 와서 '이는 내 신-우상이 한 일이다' '내가 제일 좋아하는 조각신상이 명령한 일이다'라고 말할 수 없다. 너희는 모든 증거를 보았다. 너희 눈과 귀로 직접 확인했다. 그런데 왜 그렇게 잠자코 있느냐? 그러나 이것은 시작일 뿐이다. 너희에게 말해 줄 일들이 아직 많이 남아 있다. 너희가 전혀 들어 보지 못한 일들이다(사 48:5-7, 메시지 성경)

하나님은 우리가 없어질 물질이나 기대를 저버릴 사람을 의지하지 않기를 원하신다. 우리는 하나님을 바라보고 그분의 말씀에 귀를 기울여야 한다.

같은 바탕에 무늬만 새로워진 것이 아니라 전적으로 새로운 일, 너희가 짐작도 못하고 꿈도 꾸지 못한 일이다. 듣고서 '익히 알고 있던 내용'이라고 말할 수 없는 일이다(사 48:7, 메시지 성경)

하나님은 처음에 마지막을 선포하는 분이시다. 하나님은 우리가 그분을 사랑하기 전에 우리를 먼저 사랑하셨고, 우리가 실족하기 전에 붙들어 주시며, 간구하기 전에 용서해 주시고, 벌거벗었다는 사실을 깨닫기 전에 의의 옷을 입혀 주신다. 그리고 우리의 더러움을 알아차리기 전에 깨끗이 씻겨주신다. 하나님은 우리가 태어나 첫 숨을 쉬기도 전에 우리의 인생을 계획해 놓으셨다.

스스로 계신 하나님

모세가 하나님께 아뢰되 내가 이스라엘 자손에게 가서 이르기를 너희의 조상의 하나님이 나를 너희에게 보내셨다 하면 그들이 내게 묻기를 그의 이름이 무엇이냐 하리니 내가 무엇이라고 그들에게 말하리이까 하나님이 모세에게 이르시되 나는 스스로 있는 자이니라 또 이르시되 너는 이스라엘 자손에게 이같이 이르기를 스스로 있는 자가 나를 너희에게 보내셨다 하라(출 3:13-14)

모세는 하나님의 이름을 듣고 속으로 '무슨 이름이 이렇지?'라고 생각했을 것이다. 당신이 어떤 사람을 만나서 이름을 물었는데 상대방이 "내 이름은 나입니다."라고 대답한다면 어떤 생각이 들겠는가? 알아들을 수 있게 말해 달라고 요청해도 "나는 나라니까요"라는 대답만 돌아온다면 혼란스러울 것이다. 이해를 돕기 위해 우리 자신을 예로 들어보자. 우는 절대 '스스로 있는 자'가 아니다. 정확하게 표현하면 우리는 '그분이 계시기 때문에 있는 자'다. 다시 말하지만 하나님은 하나님이시다. 하나님은 스스로 존재하신다. 또한 그분은 살아있는 모든 영혼의 창조자이시다.

하나님은 스스로 존재하는 분이시다. 그런데 우리는 과연 '스스로 있는 자'라는 말의 권능을 얼마나 이해하고 있을까? 만약 이 말의 의미를 진심으로 이해했다면 우리는 지금과는 다르게 살 것이다. 하나님은 예수 그리스도를 통해 이 세상에 자기 자신을 나타내셨다. 예수님은 제자들에게 이 사실을 이해시키려 애쓰셨다. 마태복음 16장 13절~18절에서 예수님은 제자들에게 이렇게 말씀하셨다.

> 예수께서 빌립보의 가이사랴에 있는 마을에 이르러 제자들에게 물으셨다. "사람들이 인자를 누구라 하더냐?" 제자들이 대답했다. "세례자 요한이라고 하는 사람들도 있고, 엘리야라고 하는 사람들도 있고, 예레미야나 다른 예언자 가운데 한 사람이라고 하는 사람들도 있습니다." 예수께서 곧바로 물으셨다. "그러면 너희는 어떠냐? 너희는 나를 누구라고 하느냐?" 시몬 베드로가 말했다. "주님은 살아 계신 하나님의 아들이시며 그리스도, 곧 메시아이십니다." 예수께서 대답하셨다. "요나의 아들 시몬아, 너는 하나님의 복을 받았다! 너의 그 대답은 책이나 교사들한테서 나온 것이 아니다. 하늘에 계신 내 아버지 하나님께서 친히 네게, 참으로 내가 누구인지 그 비밀을 알려 주셨다. 이제 네가 누구인지, 참으로 네가 누구인지 내가 알려 주겠다. 너는 베드로, 곧 바위다." (메시지 성경)

예수님이 누구신지 발견한 사람은 자신이 누구인지도 알게 된다. 시몬의 정체성은 바로 베드로였다. 그는 감정에 휘둘리는 어부 시몬이 아니라 반석 같은 영적 지도자 베드로가 될 것이다. 마태복음 16장 18~19절에서도 비슷한 말씀을 하셨다.

> 이 바위 위에 내가 내 교회를 세울 것이다. 그 교회는 지옥의 문들조차도 막아서지 못할 만큼, 그 세력이 널리 뻗칠 것이다. 그것이 다가 아니다. 너는 어떤 문이라도 여는 열쇠를 받아서, 하나님 나라에 아무 제약 없이 자유롭게 드나들게 될

것이다. 하늘과 땅, 땅과 하늘 사이에 더 이상 장벽이 없을 것이다. 땅에서 '예'는 하늘에서도 '예'이고, 땅에서 '아니요'는 하늘에서도 '아니요'이다(메시지 성경)

자신이 누구인지 알게 되면 자신이 장차 어떤 일을 해야 할지도 깨닫게 된다. 교회도 마찬가지로 예수님의 말씀을 통해 정체성을 깨닫게 될 때, 이 세상에서 무슨 일을 해야 할지 올바로 알게 된다.

당신은 예수님을 누구라고 생각하는가?

하나님을 어떻게 이해하느냐에 따라 당신의 인생에서 모든 선택이 달라질 것이다. 또한 당신이 예수님을 어떤 분으로 아느냐에 따라 당신의 삶속에서 하나님을 다르게 경험할 것이다. 당신이 예수님을 선한 교사라고 생각하면 그분은 당신을 가르치실 것이고, 지혜로운 조언자라고 생각하면 지혜의 말씀을 주실 것이다. 이에 대해 요한일서는 이렇게 말한다.

> 누구든지 예수를 하나님의 아들이라 시인하면 하나님이 그의 안에 거하시고 그도 하나님 안에 거하느니라 하나님이 우리를 사랑하시는 사랑을 우리가 알고 믿었노니 하나님은 사랑이시라 사랑 안에 거하는 자는 하나님 안에 거하고 하나님도 그의 안에 거하시느니라 이로써 사랑이 우리에게 온전히 이루어진 것은 우리로 심판 날에 담대함을 가지게 하려 함이니 주께서 그러하심과 같이 우리도 이 세상에서 그러하니라(요일 4:15-17)

이러한 고백으로 하나님과 영원한 관계를 맺을 때 우리는 그분을 삶 속에서 실제로 경험하게 될 것이다. 우리 입술의 고백은 하나님과 우리 사이를 연결하여 하나님이 어떤 분이신지를 경험하여 알게 만든다. 또한 그 고백을 통해 하나님이 그리스도 안에서 약속하신 것들이 우리의 삶속에서 실현된다. 그렇다면 당신은 예수님을 누구라고 알고 있으며, 하나님께 어떤 믿음의 고백을 드리고 있는가?

그분은 사랑이시기에 나는 사랑받고 사랑할 수 있다.

그분은 생명이시기에 나는 살아있다.

그분은 능력이 있으시기에 나는 할 수 있다.

그분이 아버지이시기에 나는 그분의 딸이다.

그분은 전지전능하시기에 나는 능력이 있다.

그분은 치료자이시기에 나는 고침을 받았다.

그분은 지혜이시기에 나는 지혜롭다.

그분이 계시기에 나는 존재한다.

그분의 그분 됨처럼 나도 나답게 살 수 있다.

바로 지금 하나님께 다음과 같은 믿음의 고백을 드리자.

하늘에 계신 아버지, 저를 유일하고 특별하게 만들어 주셔서 감사합니다. 제가 하나님 대신 스스로 만든 우상을 의지하고 살았다면 용서해 주세요. 앞으로는 하나님만 의지하며 우상을 섬기지 않겠습니다. 성령님, 제 삶에서 우상이 영향을 미치는 부분이 있다면 알려 주세요. 하나님은 사랑이시기에 저는 사랑받는 존재이며 다른 사람을 사랑할 수 있습니다. 또한 주님은 제 삶에서 시작하신 모든 일들은 끝내실 수 있습니다. 그리고 제가 그 일을 해낼 수 있도록 능력을 주실 수 있습니다. 저는 그리스도 안에서 하나님의 딸(아들)이며, 하나님은 저의 치료자이시고, 지혜의 근원이십니다. 그러므로 제 모든 상처를 치료하시고 제 모든 일에 하나님의 조언을 듣기를 원합니다. 하나님을 더 깊이 알고 더 하나님과 더 친밀해지기를 원합니다. 그래서 하나님처럼 경쟁자가 없는 유일하고 특별한 저 자신을 이 세상에 맘껏 드러내며 살도록 인도해 주세요. 예수님 이름으로 기도드립니다. 아멘.

나눔 질문

1. 하나님을 다른 대상과 비교한 적이 있는가? 예를 들어 하나님을 당신의 아버지와 비교한 적이 있는가?

2. 하나님에 대해서 경험하여 안 부분이 아니라 다른 사람에게 들어서 알고 있는 부분은 어떤 것인가?

3. 성 어거스틴의 고백처럼 사람이 하나님을 다 알 수 없다는 말을 어떻게 생각하는가?

4. 하나님은 '스스로 있는 자'라는 말씀은 어떤 의미인가?

5. 삶에서 자신도 모르게 우상처럼 의지하거나 몰입하고 있는 것은 무엇인가?

6. 당신은 하나님을 어떤 분이라고 고백하겠는가?

3장

비교할 수 없는
약속

3장 비교할 수 없는 약속

> 복음서의 약속들에 비하면 주님은 우리의 갈망이 너무 약하다고 말씀하실 듯합니다. 하나님이 우리에게 무한한 기쁨을 준다고 그것을 이해하지 못한채 해도 우리는 술과 섹스, 개인적 야망에 집착하는 한심한 피조물입니다. 마치 바닷가에서 휴일을 보내자고 해도 그게 어떤 건지 상상하지 못하여 빈민가 한구석에서 진흙 파이나 만들며 놀고 싶어 하는 아이와 같습니다. 우리는 너무 하찮은 것에 만족합니다.
> - C. S. 루이스(C. S. Lewis)

우리에게는 무엇과도 비교할 수 없는 보물이 있다. 바로 성경에 기록되어 있는 하나님의 약속이다. 이 보물은 크기를 측량할 수도 없고 시간마저 초월한다. 이 보물은 잠재력의 형태로 주어지기에 어떤 사람들은 그것이 존재하는지조차 모른다.

어쩌면 보물이라는 예보다 누군가 당신의 은행 계좌에 1조 원을 이체해 줬다고 말하는 편이 더 이해하기 쉬울 것이다. 하지만 평생 다 쓰지도 못할 돈을 소유한다 해도 이 세상을 떠날 때 그것을 가지고 갈 수 없다면 그것은 진정 당신의 것이 아니다. 반면 하나님의 약속이라는 보물은 이 세상에서도 당신을 풍요롭게 해 줄뿐만 아니라, 이 세상을 떠난 후에도 영원히 당신의 것이다.

하나님의 약속은 그 풍요로움이나 미치는 범위에 있어서 그 무엇과도 비교가 되지 않는다. 약속의 열매는 우리가 세상을 떠난 후에도 자녀들에게 남는다. 그리고 천국에서도 영원히 당신의 소유이다. 그 누구도 우리가 받은 약속을 가로채지 못한다. 하지만 에서는 팥죽 한 그릇이라는 헐값에 하나님의 약속을 팔았다(창 25장).에서 같은 실수를 범하지 않기 위해 하나님의 약속은 소망으로 정성스럽게 싸서 우리 마음 밭에 안전하게 숨겨두어야 한다. 그럴 때 하나님의 약속은 우리 마음속에서 자라나고 번성한다. 하나님의 약속을 마음속에 품고 있으면 아무리 많은 사람에게 그것을 나눠주어도 결코 줄어들지 않는다.

하나님의 약속이라는 보물은 만왕의 왕이요, 만주의 주께서 주시는 축복이다. 이 보물의 가치는 금이나 은으로 헤아릴 수 없을 정도로 어마어마하다. 또한 이 보물은 결코 사라지지 않으며 인간이 만든 것에 얽매이지 않는다. 영원토록 당신 것이며 속삭이는 기도로 바로 이 땅의 것으로 전환될 수도 있다. 하나님의 자녀인 당신은 마치 마법에 걸린 공주처럼 본디 고귀한 존재다.

왕의 초대

똑. 똑. 똑. 누군가 문을 두드린다. 얼른 달려가 문을 열어 보니 왕이 보낸 사자가 서 있는 게 아닌가! 신데렐라 이야기를 떠올려 보라. 다른 점이 있다면 문 앞의 사자를 보낸 이가 이 세상의 왕이 아니라는 점이다. 문 앞에 선 천사가 어찌나 밝게 빛나는지 천사 말고는 아무것도 보이지 않을 정도다. 천사는 우렁찬 목소리로 당신을 왕의 상속녀라고 선포한다. 깜짝 놀란 당신이 자신도 모르게 대꾸한다. "제가요?" 천사는 고개를 끄덕이며 당신의 손에 초대장을 쥐어준다. 떨리는 손으로 봉투를 열어보니 굵은 금색 글씨로 당신의 이름이 정확하게 새겨져 있다. 숨을 깊이 들이쉰 후 눈물 맺힌 눈을 들어 보니 천사는 온데간데없고 당신 혼자다. 그때 집안에서 목소리가 들려온다. "누가 왔니?" 당신은 기어들어가는 목소리로 답한다. "아니요, 저 혼자예요." 모든 것이 순식간에 사라진 것 같아 당신은 그 자리에 얼어버린듯 서 있다. 주위를 둘러보니 변한 것이 하나도 없다. 그 천사는 당신이 처한 환경이나 당신의 지위를 바꾸기 위해 찾아온 것이 아니다. 당신의 내면에서 일어날 놀라운 변화로 초대하기 위해 찾아온 것이다. 당신은 문득 자신의 모습을 내려다본다. 분명 문을 열 때와 똑같은 옷차림인데, 왠지 가볍게 느껴진다. 옷은 더 이상 당신을 제한하는 꼬리표가 아니다. 발걸음을 돌려 집안으로 들어가는데 마음이 상쾌해진다. 비록 몸은 이 땅의 집에 거하고 있지만, 영원한 집이 아님을 깨달았기 때문이다. 왕이신 하나님이 세운 새로운 나라가 당신에게 손짓한다. 거실을 지나 방으로 가는데 가족들이 당황한 표정으로 바라보고 있다. 방 안으로 들어간 당신은 조용히 봉투를 열고 초대장을 읽는다.

사랑하는 딸아. 너는 지극히 높은 왕의 상속녀인 사라로 다시 태어났단다. 그리스도를 친밀하게 알아갈수록 네 삶속에서 그분의 은혜와 평강을 더 많이 누리게 될 거야. 그리고 너는 왕족처럼 거룩하고 고귀한 삶을 살게 될 거야. 성경을 깊이 알아갈수록 네 생각이 새로워질 것이고, 네게 주어진 하나님의 약속이라는 보물도 알게 될 거야. 이 모든 게 네게 기적적으로 주어진 것이란다. 사랑하는 딸아, 혹시 마음에 의심이 들거든 이 초대가 네 평생 최고의 초대라는 사실을 꼭 기억하렴. 이 모든 것을 받기 위해 너는 세상으로부터 돌아서기만 하면 된단다.

이 초대장은 베드로후서 1장 2~4절을 내가 자유롭게 해석해서 써본 것이다.

하나님과 우리 주 예수를 앎으로 은혜와 평강이 너희에게 더욱 많을지어다 그의 신기한 능력으로 생명과 경건에 속한 모든 것을 우리에게 주셨으니 이는 자기의 영광과 덕으로써 우리를 부르신 이를 앎으로 말미암음이라 이로써 그 보배롭고 지극히 큰 약속을 우리에게 주사 이 약속으로 말미암아 너희가 정욕 때문에 세상에서 썩어질 것을 피하여 신성한 성품에 참여하는 자가 되게 하려 하셨느니라(벧후 1:2-4)

만약 예수님이 내 마음의 문을 두드리지 않으셨다면, 나는 지금 완전히 빈털터리였을지도 모른다. 내 부모님은 자녀에게 유산을 남겨줄 만한 형편이 아니었다. 하지만 나는 하나님이 주신 약속이 영원한 유산임을 오래 전에 깨달았다. 그렇다면 하나님의 약속을 우리의 것으로 만들

수 있는 방법은 무엇일까? 그것은 오직 믿음뿐이다. 갈라디아서 3장 14절은 이렇게 말한다.

이는 그리스도 예수 안에서 아브라함의 복이 이방인에게 미치게 하고 또 우리로 하여금 믿음으로 말미암아 성령의 약속을 받게 하려 함이라

아브람과 사래

하나님의 약속에 대해 자세히 알기 위해 아브람과 사래 이야기를 다시 읽어보자. 익히 아는 이야기지만 처음 접하는 것처럼 접근해야 한다. 나는 성경을 읽을 때 먼저 뼈대가 되는 문장을 찾는다. 그런 다음 뼈대에 생기를 불어넣는다. 즉 이야기를 눈으로 그려보면서 성령님이 하시는 말씀에 귀를 기울인다. 또 묵상을 할 때는 적극적으로 하나님께 질문도 한다. '나라면 저 상황에서 어떤 감정을 느꼈을까? 나라면 저 상황에서 무엇이 가장 큰 문제가 될까?'라고 물어본다. 이런 방법은 성경을 공부하는 여러 방법 중 하나일 뿐이다. 이 방법의 좋은 점은 말씀을 살아 움직이게 하며, 성경의 등장인물들을 나의 형제, 자매처럼 느껴지게 한다는 것이다. 또 묵상을 하다가 잠시 멈춰 내 입장에서 깊이 생각하게 만든다.

이 방법으로 우선 믿음의 아버지, 아브람을 만나보자. 나는 머릿속으로 나이가 많지만 믿음직스럽고 경건한 한 남자를 떠올려본다. 그 옆에는 약속의 어머니 사래가 있다. 사래는 대단한 미모의 소유자로, 아브람

과 마찬가지로 나이가 많지만 경건한 여인이다. 하나님의 초대에 이 부부는 대담하게 익숙한 것들을 뒤로 하고 길을 떠났다. 하나님은 아이가 없던 두 사람에게 복을 주고 번성하게 하겠다고 약속하셨다. 두 사람은 이전에 알지 못하던 하나님을 믿고 모험을 떠났다. 그런데 시간이 흘러 어느덧 아브람은 백 세, 아내 사래도 아흔이 가까워졌다.

그동안 두 사람은 많은 사건을 겪었다. 하나님이 두 사람을 축복하는 과정에서 갈등이 생겨 아들처럼 여기던 조카 롯과 헤어졌고, 사래가 파라오의 아내가 되었다가 풀려나는 사건도 있었다. 아브람은 전쟁에서 이기고 납치됐던 조카 롯을 구출해내기도 했다. 두 사람은 함께 절망적인 일도 겪기도 하고 그릇된 결정을 내리기도 했다. 그 중 하나는 사래가 아들을 얻기 위해 여종 하갈을 남편과 동침시킨 일이다. 하갈은 아브람과 동침해서 이스마엘을 낳았다. 그런데 이 일로 인해 사래는 가정폭력이라는 죄를 저지르게 되었다. 아브람과 사래의 이야기에서 놓쳐서는 안 될 몇 가지를 짚어보면 다음과 같다.

1. 아브람과 사래는 그들의 모든 것을 걸었다.

하나님이 명령하시자 두 사람은 뒤도 안 돌아보고 우르를 떠났다. 다시 되돌아가지도 않았다. 창세기 12장 1~2절을 보자.

여호와께서 아브람에게 이르시되 너는 너의 고향과 친척과 아버지의 집을 떠나 내가 네게 보여 줄 땅으로 가라 내가 너로 큰 민족을 이루고 네게 복을 주어 네

이름을 창대하게 하리니 너는 복이 될지라

하나님은 새 일을 행하시기 위해 새로운 방법으로 길을 내셨다. 하나님은 그들을 인도하셨고, 두 사람은 실수를 저지르기도 했지만 절대 뒤를 돌아보지 않았다.

2. 두 사람은 갈등을 해결했다.

우르를 떠날 때 아브람과 사래는 롯을 데려갔다. 아브람이 받은 축복은 롯에게도 흘러가서 그들이 머물던 땅은 두 사람을 감당할 수 없었다. 그러자 목동들이 서로 다투기 시작했다. 아브람은 갈등이 더 커지기 전에 롯에게 먼저 땅을 선택하라고 양보했다. 싸우면서 같이 지내느니 헤어지는 편이 낫다. 혹시 인생에서 굳이 동행할 필요가 없는 사람과 함께 있는가? 하나님이 동반자에게까지 복을 주셔서 마침내 서로 헤어져야만 하는 때가 올 것이다. 갈등은 하나님의 축복을 차단하고 삶의 효율을 떨어뜨린다.

3. 두 사람은 믿음으로 십일조를 바쳤다.

아브람은 하나님과의 약속에 따라 멜기세덱 왕에게 전리품의 십분의 일을 바쳤다. 아브람은 소돔 왕이 주는 물품을 다 받지 않았으며 오직 믿음으로 멜기세덱 왕에게 십일조를 바쳤다. 이는 소망에 실체를 부여하는 행위였다.

이상의 세 가지 일은 하나님이 아브람에게 창세기 17장 4~5절에 기록된 약속을 선포하신 후 일어났다.

보라 내 언약이 너와 함께 있으니 너는 여러 민족의 아버지가 될지라 이제 후로는 네 이름을 아브람이라 하지 아니하고 아브라함이라 하리니 이는 내가 너를 여러 민족의 아버지가 되게 함이니라

영원한 언약

자신이 하나님의 상속자라는 사실을 깨달으면 하나님이 지위를 바꿔 주신다. 하나님이 아브람을 아브라함으로 부르시자 그의 지경이 넓어졌다. 자손이 없던 아브람은 훗날 여러 민족의 아버지가 되었다. 창세기 17장에서 하나님은 언약의 규모와 범위를 자세히 설명하셨다. 이제 아브라함의 삶은 '대대로', '영원히'와 같은 단어와 연결될 것이다. 아브라함이 이방인으로 발을 들였던 땅은 언젠가 그의 자손이 물려받을 유산이 될 것이며 영원히 그의 후손들의 땅이 될 것이다. 하나님은 아브람과 함께하신 것처럼 아브라함의 자손들과도 함께하시겠다고 약속하셨다. 아브라함이 하나님 옆에서 그의 자손들에게 펼쳐진 놀라운 역사를 보면서 눈물을 흘리는 모습을 상상해 보라.

다시 성경으로 돌아와 아브라함이 하나님 앞에 엎드려 있는 장면을 그려 보라. 그는 몸을 일으키더니 눈물로 범벅이 된 얼굴을 들어 밤하늘의 별을 쳐다본다. 구름 한 점 없는 사막의 검은 밤하늘에 별빛이 쏟아

질 듯 펼쳐져 있다. 아브라함은 별을 잡으려는 듯 하늘을 향해 손을 뻗는다. 셀 수 없이 많은 별과 함께 약속의 말씀이 골수를 타고 울려 퍼진다. 세포 하나하나가 경이로움에 생동한다.

새 이름 아브라함, 그의 심장이 기쁨과 소망으로 빠르게 뛰었다. 그는 이스마엘을 바라보며 '이 모든 게 너의 것이란다. 아들아, 너는 크나큰 복을 누리고 멋진 인생을 살게 될 거야'라고 생각했다. 하나님은 아브라함에게 언약의 증표가 필요하다고 말씀하셨다. 그런데 그 증표는 노아에게 주신 무지개처럼 아름다운 것이 아니라 고통스럽고 비밀스러운 것이었다. 아브라함에게서 태어난 모든 남자는 이제 할례를 받아야 한다. 살점을 도려내는 할례라는 행위는 아브라함과 그의 자손이 지극히 높으신 하나님과 언약을 맺었음을 확증한다. 하나님은 이어서 계속 말씀하신다. 사실 이 대목이 본론으로 보인다.

> 하나님이 또 아브라함에게 이르시되 네 아내 사래는 이름을 사래라 하지 말고 사라라 하라 내가 그에게 복을 주어 그가 네게 아들을 낳아 주게 하며 내가 그에게 복을 주어 그를 여러 민족의 어머니가 되게 하리니 민족의 여러 왕이 그에게서 나리라(창 17:15-16)

아브라함의 당황한 표정이 눈에 보이는 듯하다. '사라라니요? 언약은 저와 맺으신 것이고, 제겐 이미 하갈이 낳은 이스마엘이 있습니다.' 예상을 벗어난 하나님의 말씀에 아브라함은 웃음이 나왔다.

아브라함이 엎드려 웃으며 마음속으로 이르되 백 세 된 사람이 어찌 자식을 낳을까 사라는 구십 세니 어찌 출산하리요 하고 (창 17:17)

자신이 아들을 낳으리라는 하나님의 말씀을 듣고 사라가 웃음을 터트렸다는 이야기는 너무나 유명하다. 그런데 하나님의 약속을 듣고 먼저 웃은 사람은 아브라함이었다. 웃은 정도가 아니라 그는 하나님에게 대안까지 제시했다.

아브라함이 이에 하나님께 아뢰되 이스마엘이나 하나님 앞에 살기를 원하나이다 (창 17:18)

아브라함은 하나님의 계획에 이스마엘을 집어넣으려고 했다. '왜 굳이 사라여야 합니까? 이름이 바뀌어도 사라의 자궁은 이미 제 기능을 못합니다. 저도 늙었고요. 저는 이스마엘을 낳은 것으로 만족합니다.' 하지만 하나님은 아브라함의 제안을 거절하시고 말씀을 이어가셨다.

하나님이 이르시되 아니라 네 아내 사라가 네게 아들을 낳으리니 너는 그 이름을 이삭이라 하라 내가 그와 내 언약을 세우리니 그의 후손에게 영원한 언약이 되리라 (창 17:19)

"아니라, 네 아내 사라가…"라는 말씀은 정말이지 명쾌하다. 마치 아브라함의 속을 훤히 들여다보고 계신듯하다. 하나님은 아브라함의 말을 들으시고 이스마엘도 축복해 주셨다. 하지만 그를 영원한 언약의 상속자로 허락하시지는 않으셨다.

두 사람이 결혼해서 하나가 되는 순간부터 하나님의 언약은 부부에게 적용된다. 아브라함은 하나님이 주신 약속이 사랑하는 아들 이스마엘에게도 이뤄지기를 원했다. 하지만 이스마엘은 육적인 방법으로 여종이 낳은 아들이었다. 그러나 하나님의 약속은 전례가 없는 징표와 기적을 통해 성취되어야 했다. 이를테면 불임의 할머니가 임신하는 일 말이다.

내 언약은 내가 내년 이 시기에 사라가 네게 낳을 이삭과 세우리라(창 17:21)

우리도 아브라함과 같은 실수를 저지른다. 하나님은 우리가 미처 경험하지 못한 기적을 행하시겠다고 말씀하시는데, 우리는 불신앙 때문에 망설인다. 하나님은 우리의 지경을 넓히시기 원하시는데, 우리는 그런 수고를 하실 필요가 없다고 대꾸한다. 그러면서 "이미 가진 것이나 축복해 주세요."라고 말한다. 그러나 하나님은 그 정도에 만족하지 않으신다. 하나님은 우리뿐 아니라 우리 자손들까지 아우르는 계획을 세우신다. 언약은 이삭을 통해 성취될 것이다. 아직 세상에 나오지 않은 아이, 아브라함이 잉태 계획을 듣고 웃은 아이는 이스마엘과 달리 육으로 낳은 존재가 아니었다. 아브라함의 지극히 인간적인 모습을 보노라면 우리에게도 용기가 생긴다. 하나님은 자비로우셔서 우리 힘으로 이룬 일에도 축복을 부어주시지만 동시에 인간이 상상할 수 없는 영원한 언약을 세우시고 성취하신다.

새로운 이름 = 새로운 정체성

히브리 전통에서 이름은 개인의 잠재력과 운명을 함축하고 있다. 그들은 이름을 바꾸면 이름 주인의 본질도 바뀌고 운명도 달라진다고 믿는다. 우리도 아이가 태어나면 이름대로 살기를 바라는 마음을 담아 이름을 짓는다. 사실 이런 원리는 하나님 아버지에게서 온 것이다. 하나님은 이름이 더 이상 이름 주인의 본질을 표현하지 못하면 종종 이름을 바꾸셨다. 박해자 사울은 바울로 바꾸셨고, 어부 시몬을 반석을 뜻하는 베드로로 바꾸셨다. 또 이삭의 아들 야곱의 이름을 '하나님의 왕자'를 의미하는 이스라엘로 바꾸셨다. 이처럼 하나님은 이름 짓기에 탁월한 분이시다.

하나님은 아브람과 언약을 맺으실 때 이름을 바꾸셔서 그의 지경을 넓혀 주셨다. 내 친구 중에 브라이언 빌레치Brian Bileci라는 메시아닉 랍비예수를 메시아로 믿는 유대인 랍비_역자 주가 있는데, 그는 유대 민족에게 개명이 얼마나 중요한 의미가 있는지 나에게 설명해 주었었다. 하나님은 '아브람'이라는 이름을 반으로 나눠 하나님의 이름에 있는 한 글자를 넣으셔서 '아브라함'이라는 이름을 지으셨다. 그래서 '아버지가 높임을 받다'라는 뜻의 아브람Abram은 '여러 민족의 아버지'를 의미하는 아브라함Abraham이 되었다.

새 이름, 아브라함은 그가 앞으로 어떤 인물이 될지를 알려준다. 사실 아브라함은 이 땅에 사는 동안 새 이름의 의미를 온전히 알 수 없었다. 하지만 하나님께 순종하는 삶으로써 자녀에게 어마어마한 유산은 물려주었다. 랍비 브라이언은 또 하나님이 아브람의 아내인 사래의 이름까지 바꾸신 후에야 약속을 성취하셨다는 사실을 일깨워줬다. 사래Sarai는 '여호와는 왕'이라는 뜻이며, 바뀐 이름 사라Sarah는 '하나님의 왕녀'라는 의미다. 하나님은 이번에도 야훼Yahweh의 한 글자h를 새 이름에 넣으셨다.

'사라'라는 이름은 그녀가 누구인지를 알려준다. 그녀의 이름은 그녀가 하나님과 친밀한 관계를 맺고 있으며 그녀에게서 난 약속의 자녀들이 왕족의 지위를 누리게 될 것을 보여준다.

사래라는 남성형 선언여호와는 왕에서 여성의 신분하나님의 왕녀을 나타내는 사라로 이름이 바뀌면서 사라의 인생은 아브라함의 풍족한 토양이 되었고 사라의 자궁은 생기를 얻었다. 즉 그녀에게서 불임의 굴레가 끊어졌다. 그리고 아브라함과 사라에게 주어진 창대한 복이 이뤄질 준비도 시작됐다. 하나님은 아브라함에게 여러 민족의 아버지가 될 것이라고 말씀하셨다. 이때 사라에게도 여러 민족의 어머니로서 그녀에게서 여러 왕이 나올 것이라고 약속해 주셨다.

사람들이 서로에게 정직하게 마음을 열면 하나님이 개입하셔서 불가능을 가능으로 바꾸신다. 사랑 없는 결혼생활이 회복되고, 아들과 딸이 구원을 얻는다. 우리가 예수님 안에서 거듭나는 순간 우리도 모르는 사이에 우리의 이름이 바뀌는 역사가 일어난다. 아브라함과 사라처럼 우리의 이름도 확장되는 것이다. 그런데 아브라함의 자손, 예수님은 우리 이름에 단순히 그분의 이름 한 글자를 넣는 데 그치지 않으셨다. 예수님은 우리가 그분의 이름을 통해 하늘 아버지께 아무 거리낌 없이 나아갈 수 있도록 만드셨다. 이에 대해 요한복음 16장 26~27절은 이렇게 말한다.

> 그 날에 너희가 내 이름으로 구할 것이요 내가 너희를 위하여 아버지께 구하겠다 하는 말이 아니니 이는 너희가 나를 사랑하고 내가 하나님께로부터 온 줄 믿었으므로 아버지께서 친히 너희를 사랑하심이라

농담이시죠?

창세기 18장으로 돌아가 하나님이 아브라함을 다시 찾으시는 장면을 보자. 아브라함은 한낮에 장막 문가에 앉아 있었다. 뜨거운 볕을 피하고 바람을 느끼기 위해서였다. 그러다 문득 눈을 들어 보니 마므레의 상수리나무에 세 사람이 서 있었다. 많은 학자들은 이 세 사람을 천사라고 해석한다. 아브라함은 얼른 달려가서 세 사람 앞에 엎드려 머물다 가시라고 청했다.

> 이르되 내 주여 내가 주께 은혜를 입었사오면 원하건대 종을 떠나 지나가지 마시옵고 물을 조금 가져오게 하사 당신들의 발을 씻으시고 나무 아래에서 쉬소서 내

가 떡을 조금 가져오리니 당신들의 마음을 상쾌하게 하신 후에 지나가소서 당신들이 종에게 오셨음이니이다 그들이 이르되 네 말대로 그리하라(창 18:3-5)

여행자들에게 먼저 다가가 예의를 갖추고 머물다 가라고 청하는 장면에서 아브라함의 친절과 배려가 느껴진다. 아브라함은 많은 것을 베푸는 사람이었다. 그는 사라에게 고운 가루로 떡을 만들라고 시켰다. 그리고는 가축우리에 가서 기름지고 좋은 송아지를 잡아 하인에게 요리하도록 시켰다. 모든 준비를 마친 후 아브라함은 세 사람에게 엉긴 젖과 우유를 대접했다. 손님에게 베푼 호의는 풍성했다. 손님들은 자리에 함께 앉은 아브라함에게 물었다.

그들이 아브라함에게 이르되 네 아내 사라가 어디 있느냐 대답하되 장막에 있나이다 그가 이르시되 내년 이맘때 내가 반드시 네게로 돌아오리니 네 아내 사라에게 아들이 있으리라 하시니 사라가 그 뒤 장막 문에서 들었더라(창 18:9-19)

이 구절을 읽을 때 나는 마치 사라의 어깨 너머로 이 장면을 엿보는 느낌이 든다. 나무 아래 그늘에서 아브라함이 손님들과 이야기를 나누는 모습이 보인다. 옷자락을 흔드는 사막의 건조한 바람이 느껴진다. 바람결에 아브라함과 손님들의 말소리도 실려 온다. 사라는 어두운 장막 안에서 귀를 쫑긋 세우고 있다. 대화에는 끼지 못하더라도 엿듣기엔 충분한 거리다. 사라는 숨을 죽이고 조용히 엿듣고 있지만 성경에는 그녀가 그 순간에 어떤 생각을 했는지를 기록하고 있다.

> 아브라함과 사라는 나이가 많아 늙었고 사라에게는 여성의 생리가 끊어졌는지라 사라가 속으로 웃고 이르되 내가 노쇠하였고 내 주인도 늙었으니 내게 무슨 즐거움이 있으리요 (창 18:11-12)

이 구절에서 우리는 하나님의 약속에 대한 아브라함의 태도를 엿볼 수 있다. 나는 혹시 사라가 자신의 임신에 관한 이야기를 이때 처음 들은 게 아닐까 짐작해 본다. 사라는 분명 전혀 준비되어 있지 않은 상태였다. 그러나 약속의 성취가 임박해오고 있었다. 앞서 창세기 17장 21절에서 "내년 이 시기에…"라는 약속이 기록돼 있다. 똑같은 약속이 18장 10절에도 "내년 이맘때…"라고 나온다. 같은 약속이 이번에는 사라의 눈앞에서 반복됐다. 창세기 17장과 18장 사이에 얼마간의 시간이 흘렀을 것이다. 아브라함이 별빛 아래서 하나님과 대화를 나눈 시점부터 정확히 얼마 후에 세 천사가 찾아왔는지는 알 수 없다. 추정해 보자면 아마 한 달이 채 안 되었을 것이다. 그런데 하나님은 이번에는 대화에 사라를 직접 참여시키기로 결정하셨다.

> 여호와께서 아브라함에게 이르시되 사라가 왜 웃으며 이르기를 내가 늙었거늘 어떻게 아들을 낳으리요 하느냐 여호와께 능하지 못한 일이 있겠느냐 기한이 이를 때에 내가 네게로 돌아오리니 사라에게 아들이 있으리라 사라가 두려워서

부인하여 이르되 내가 웃지 아니하였나이다 이르시되 아니라 네가 웃었느니라

(창 18:13-15)

사라는 웃었을 뿐만 아니라 거짓말까지 했다. 사라는 솔직히 "하나님, 농담이시죠?"하는 심정에 비웃은 것이었기에 덜컥 겁이 났다.

네 아내 사라는 어디에 있느냐?

위의 성경 구절을 자세히 살펴보면서 나는 얼마나 더 풍성한 이야기가 함축되어 있을지 궁금해졌다. 그래서 궁금한 부분을 중심으로 몇 가지를 깊이 묵상해 봤다. 그러자 이전에는 놓치고 지나친 부분들이 눈에 들어왔다. 우선 "사라가 어디 있느냐?"라는 질문에 대해 곰곰이 생각해 보자. 사라는 왜 장막 뒤에 숨어 있었을까? 왜 남편 옆에서 손님들과 함께 대화하지 않았을까?

우리는 이미 아브라함 이야기의 결말을 알고 있다. 하지만 당시 사라는 앞일이 어떻게 전개될지 전혀 모르는 상태였다. 사라가 나이를 생각해 보면, 사라는 어쩌면 자신의 인생이 저물고 있다고 여겼을 것이다. 특히 아브라함이 하갈을 취한 일과 그로 인해 자신이 하갈을 함부로 대한 일 때문에 아내로서 자격지심을 느꼈을 수도 있다.

사라가 겪었던 불임의 고통, 반복되는 실망, 자신이 저지른 실수 등은 그녀의 영혼 깊은 곳에 영향을 미쳤을 것이다. 사실 여자가 아이를 갖는 데 많은 준비가 필요한 것은 아니다. 그것은 오히려 자연스러운 일이다.

하지만 사라는 이삭과 이스라엘 민족의 어머니가 될 주인공이었기에 남다른 준비가 필요했다.

사라는 13년 동안 이스마엘이 커가는 모습을 지켜봤다. 하갈이 낳은 아들을 친아들처럼 키우고 싶었지만 뜻대로 되지 않았다. 아브라함은 현재의 상황에 만족하고 있었지만 그로 인해 사라는 자신도 모르게 상처를 받고 있었다. 모든 상황이 사라에게 불리하게 돌아가는 것만 같았다. 무엇보다 비극적인 것은 사라와 아브라함 둘 다 사라의 정체성을 잊고 있었다는 점이다.

두 번째로 내게 와 닿은 말씀은 "네 아내 사라가 어디 있느냐?"라는 질문이었다. 일반적으로 우리 집에 온 손님이 남편 존에게 "당신 아내 리사는 어디 있어요?"라고 묻지 않는다. 한 집안에 리사가 여러 명이면 모를까 굳이 '아내 리사'라고 지칭할 필요가 없는 것이다. 그냥 "리사 어디 있어요?"라고 물으면 된다.

아브라함에게 찾아온 손님들은 아브라함과 사라를 모두 알고 있었다. 그런데 굳이 사라의 이름과 아브라함과의 관계를 동시에 언급했다. 다시 말해, 천사로 보이는 손님들은 "아브라함, 우리는 사라가 자네의 아내라는 사실을 일깨우러 왔다네. 두 사람의 결혼생활이 이전과 달라 보이는군. 아무리 하갈이 아이를 낳았다고 하지만 자네의 아내는 사라가 아닌가?"라고 말하고 있는 것이다. 여기에서 사라가 대화에 끼지 않고 잠자코 듣고 있었던 이유가 드러난다. 유목민에게 손님이 찾아오는 일은 무척 드물었다. 이 때문에 아브라함은 장막 밖 나무 그늘에 세 사람이 서 있는 모습만 보고도 한 걸음에 달려 나갔다. 성경을 읽으면 음식이 몇 분 만에 뚝딱 준비된 것처럼 느껴지지만, 실제로 상을 차리는 데는 몇 시간이 족히 걸렸을 것이다.

하나님의 약속에 관해 중요한 대화를 하고 있는데 사라는 왜 잠자코 듣기만 했을까? 아마 손님들은 주위를 둘러보며 말했을 것이다. "믿음의 아버지는 보이는데, 어머니는 어디에 있습니까?" 우리 집에 손님이 와서 식사를 한다면 분명 존은 나를 불러 손님들에게 소개시킬 것이다. 존이 나를 찾는 소리가 들리면 나는 집 안 어디에 있든 그에게로 가 그의 손님들에게 인사할 것이다. 사라의 태도가 이상하지 않은가? 물론 성경 어디에도 사라에게 자리를 비켜달라고 요청했다거나 아브라함이 일부러 사라를 대화에서 배제했다는 근거는 없다. 그렇다면 혹시 사라 스스로 대화에서 빠진 것은 아닐까? 이것은 자신의 정체성을 잊어버린 사람에게서 흔히 나타나는 태도다. 괜한 희망을 품으면 상처를 입게 마련이다. 그래서 차라리 숨어버리는 편을 택하는 것이다.

사라가 대화에 끼지 않고 숨어있던 이유가 무엇이든 하나님은 사라를 대화에 끼워 넣으셨다. 이것은 아브라함에게 사라가 정식 아내라는 사실을 일깨우기 위한 것은 아니었을까? 사라가 아브라함의 아내라는 선포는 경쟁자인 하갈을 밀어내고 모두에게 사라의 정체성을 다시 인식시켰다. 사라는 왕녀였다.

왜 아브라함에게 물으셨을까?

다음으로 내 눈길을 잡아끈 대목은 사라의 웃음에 관한 질문이었다. 하나님은 사라가 왜 웃었는지를 사라가 아닌 아브라함에게 물으셨다.

여호와께서 아브라함에게 이르시되 사라가 왜 웃으며 이르기를 내가 늙었거늘 어떻게 아들을 낳으리요 하느냐(창 18:13)

사라가 웃은 걸 왜 아브라함에게 물으셨을까? 이 구절을 읽으면서 나는 아브라함이 창세기 17장에서 하나님과 나눴던 대화를 아내에게 들려주지 않았을지도 모른다는 생각이 들었다. 어쩌면 아브라함은 하나님이 하셨던 말씀을 그때까지도 곱씹고 있었을 것이다. 그런데도 그것을 사라에게 말하지 않았던 것 같다. 혹은 대화를 나누었지만 둘 다 하나님의 약속을 가볍게 넘겼을 수 있다. 어찌됐든 분명한 사실은 사라를 위한, 사라에 의한 약속이 그녀의 삶 속에서 전혀 자라나지 않은 상태였다. 하나님의 사자들은 아브라함에게 이렇게 물었다.

여호와께 능하지 못한 일이 있겠느냐 기한이 이를 때에 내가 네게로 돌아오리니 사라에게 아들이 있으리라(창 18:14)

일 년 후에 사라가 아들을 낳을 것이라는 말에 웃지 않았다며 거짓말을 한 것은 사라인데, 왜 웃었냐는 질문을 받은 사람은 아브라함이라는 사실이 흥미로웠다. 하나님 아버지는 속으로 웃는 소리까지 들으신다. 그렇다면 가슴 아파서 속으로 삭이는 울음에도 귀를 기울이실 것이 분명하다.

비웃는 웃음과 기쁨의 웃음 사이에는 큰 차이가 있다. 오랜 세월 웃을 일이 없었던 사라에게 이삭이 태어나자 모든 것이 바뀌었다. 아브라함과 사라가 인생의 동반자로서 서로를 인정했을 때 하나님의 약속이 세상에 태어났다. 약속이 성취되려면 이처럼 화해와 정체성의 회복이 필요하다. 하나님은 언약의 민족을 세우기 위해 사라의 갈망과 영적 깊이를 필요로 하셨다. 갈라디아서 4장 22~23절은 이에 대해 이렇게 쓰고 있다.

> 기록된 바 아브라함에게 두 아들이 있으니 하나는 여종에게서, 하나는 자유 있는 여자에게서 났다 하였으며 여종에게서는 육체를 따라 났고 자유 있는 여자에게서는 약속으로 말미암았느니라

누가 사라를 보호하시는가?

> 그의 아내 사라를 자기 누이라 하였으므로 그랄 왕 아비멜렉이 사람을 보내어 사라를 데려갔더니 그 밤에 하나님이 아비멜렉에게 현몽하시고 그에게 이르시되 네가 데려간 이 여인으로 말미암아 네가 죽으리니 그는 남편이 있는 여자임이라 (창 20:2-3)

나는 하나님이 사라 대신 나서서 말씀해 주신 것이 정말 기뻤다. 아브라함과 사라 둘 다 위기를 모면하기 위해 침묵을 선택했다. 이들은 대체 무슨 생각이었을까? 하나님은 새 일을 행하고 계신데, 부부는 여전히 낡은 사고방식을 가지고 있었다. 부부를 남매라고 속인 것은 최악의 결과를 가져왔다. 더군다나 하나님이 그들의 이름을 바꿔 주신 후 사라의 잉태를 코앞에 두고 있던 시점이었다.

사라는 굉장히 아름답긴 했지만 나이가 무려 아흔 살이었다. 무척 곱게 늙었거나 출산을 위해 하나님이 사라의 젊음을 일시적으로 회복시키셨을 수도 있다. 어찌됐든 아브라함은 일 년 안에 사라가 자기 아이를 임신할 것을 알고 있었다. 그러므로 아비멜렉 왕이 접근했을 때 사라를 보호했어야 했다. 그렇지 않으면 사라가 누구의 아이를 가졌는지 어떻게 알겠는가? 우리는 많은 경우에 침묵하는 것이 곧 순종이라고 생각하지만 사실은 그렇지 않다. 침묵은 거짓말이다. 반면 순종은 언제, 어떻게 말할지를 아는 것이다. 아브라함은 이때 분명히 말을 했어야 했다.

> 아비멜렉이 아브라함을 불러서 그에게 이르되 네가 어찌하여 우리에게 이렇게 하느냐 내가 무슨 죄를 네게 범하였기에 네가 나와 내 나라가 큰 죄에 빠질 뻔하게 하였느냐 네가 합당하지 아니한 일을 내게 행하였도다 하고 (창 20:9)

아비멜렉 왕은 아브라함이 자신을 속인 이유를 두루뭉술하게 둘러댔는데도 그를 축복하고 자기 땅에 거하라고 허락했다. 그러자 아브라함은 아비멜렉을 위해 기도했고, 하나님은 아비멜렉 집안 모든 여성의 태를 다시 여셨다. 아브라함이 남을 위해 다른 여성들의 태를 여는 기도를 하고 응답을 받았다니 아이러니하지 않은가? 하나님은 남편인 아브라함이 자기 안위를 앞세웠을 때 친히 사라를 보호해 주셨다. 우리도 사라처럼 하나님께 우리의 안전을 맡길 수 있다. 남편을 비롯해 가까운 사람들이 우리를 실망시키더라도 하나님은 우리를 실망시키지 않으신다.

자유 있는 여자 vs. 여종

베드로전서 3장 6절은 "사라가 아브라함을 주라 칭하여 순종한 것 같이 너희는 선을 행하고 아무 두려운 일에도 놀라지 아니하면 그의 딸이 된 것이니라"라고 말한다. 걱정과 두려움에 함몰되지 않고 믿음과 용기를 가진 여자는 약속의 딸이요, 자유 있는 여자의 딸이다.

자유의 몸이었던 사라는 하나님과 남편을 공경했지만, 여종이었던 하갈은 주인 사라를 무시했다. 하갈의 아들 이스마엘도 자기 어머니처럼 이삭을 무시했다. 사라는 자유에서 속박을 끊어내야 한다는 사실을 알고 있었다. 갈라디아서 4장 30절은 "여종과 그 아들을 내쫓으라 여종의 아들이 자유 있는 여자의 아들과 더불어 유업을 얻지 못하리라 하였느니라"라고 말하고 있다.

여종의 아들 이스마엘은 유산을 받을 수 없었고, 아버지와 가족으로 알던 사람들을 잃어야 했다. 자유 있는 여자와 여종은 같은 사람을 남편으로 뒀고 아들도 있었지만, 서로 다른 지위를 갖고 있었다. 하갈은 육체와 그 육체의 구속을 상징하지만, 사라는 자유와 약속을 상징한다. 갈라디아서 4장 22~26절은 이렇게 말한다.

> 기억하겠지만, 아브라함에게는 두 아들이 있었습니다. 하나는 여종의 아들이고, 다른 하나는 자유인 여인의 아들입니다. 여종의 아들은 인간적인 묵인 아래 태어났고, 자유인 여인의 아들은 하나님의 약속으로 태어났습니다. 이것은 지금 우리가 다루고 있는 주제를 잘 설명해 줍니다. 그 두 출생 방식은 하나님과 관계를 맺는 두 가지 방식을 가리킵니다. 그중 하나는 아라비아의 시내 산에서 생겨난 방식입니다. 그것은 지금도 예루살렘에서 계속되고 있는 것과 일치하는 삶, 곧 끊임없이 종을 만들어 내는 종의 삶입니다. 바로 하갈의 방식입니다. 반면에, 우리 눈에 보이지 않는 예루살렘 곧 자유로운 예루살렘이 있는데, 그 예루살렘이 바로 우리의 어머니입니다. 이는 다름 아닌 사라의 방식입니다(메시지 성경)

여기에서 "이는 다름 아닌 사라의 방식"이라는 구절이 특히 와 닿는다. 사라는 세월의 풍상에도 빛바래지 않는 아름다움을 지녔다. 그녀는 그리스도 안에서 시들지 않는 아름다움을 보여준다. 또한 믿음의 아버지 아브라함과 그의 아내 사라는 그리스도와 그의 신부인 교회의 관계를 미리 보여준다. 우리는 그리스도를 의지하고 그분에게 순종해야 한다. 머리되신 그리스도를 믿는 사람은 누구나 그의 주권과 권위 아래에 있다. 그러니 두려워할 필요가 없다. 그리스도가 우리의 남편이시다.

이제 그만 나오라!

하나님이 당신 안에 어떤 갈망을 불어넣으실 때는 그것을 성취할 힘까지도 함께 주신다. 즉 하나님이 당신에게 약속을 주실 때 그것을 이룰 힘도 주시는 것이다. 나는 이 책이 사라에게 찾아온 손님처럼 당신의 정체성을 깨닫게 해주기를 바란다.

다시 한 번 강조하고 싶은 진리는 우리는 우리의 앞날에 관한 하나님과의 대화에 직접 끼어들어야 한다. 누군가와 끊임없이 경쟁을 벌이는 삶이 아니라 하나님이 계획하신 특별한 삶을 살고 싶다면 숨지 말고 나와서 대화에 끼어야 한다.

일 년은 많은 일이 일어날 수 있는 기간이다. 사라가 겪었던 그 일 년이 우리에게도 주어질 수도 있다. 혹시 올해도 다른 해와 다름없이 흘러가고 있다고 생각하는가? 연초에 당신은 그늘 속에서 혼자 웃고 거짓말을 했던 사라의 모습과 같았을 수 있다. 하지만 연말에는 약속을 품에 안게 될지 누가 알겠는가? 혹시 속으로 이런 생각을 하고 있는가?

난 이미 늦었어.

난 너무 어려.

난 너무 늙었어.

난 자격이 없어.

난 이미 많은 실수를 저질렀어.

뭐, 지금에 만족해야지.

굳이 꿈 꿀 필요가 있을까?

더 이상 바라는 것이 없다고 거짓말하지 마라. 꿈을 부정하지 마라. 꿈을 포기하면 마음의 문이 닫혀 버린다. 그러면 냉소적인 비웃음과 거짓말만 남게 된다. 그러지 말고 마음의 문을 열고 당신에게 펼쳐질 기적을 기대해 보라. 놀랍고 멋진 삶으로의 초대를 냉소적인 비웃음으로 거절하지 마라. 우리는 하나님이 기대하는 인생을 사는 데 필요한 모든 것을 갖췄다. 그런데 당신은 무엇을 피해 숨고 있는가?

당신은 어떤 꿈을 조롱하고 있는가? 당신의 진짜 소망은 무엇인가? 진지하게 받아들이자니 너무나 고통스러워서 불안한 웃음으로 무마하고 있지는 않은가? 한번 귀를 기울여 보라. 당신 스스로 자격이 있는지 없는지를 판단하지 마라. 당신은 그리스도의 약속 안에 있는 사람이다.

어쩌면 당신은 더 이상 고통을 느끼지 못할 수도 있다. 고통을 느끼지 못하도록 무감각하게 만들었기 때문이다. 많은 사람들이 자신을 속이고 달래기 위해 소망을 조롱하고 비웃는다. 혹시 아브라함이나 사라처럼 하나님이라 할지라도 이루기 어렵다고 생각하는 일이 있는가? 뭔가를 시작하기에는 이미 늦었다고 생각하는가? 그렇다면 갈라디아서 4장 4~7절을 보라.

그러나 정하신 때가 차자, 아버지 하나님은 자기 아들을 보내셔서 우리와 마찬가지로 여자에게서 태어나게 하시고 율법의 제약을 받게 하셨습니다. 그것은 율법에 사로잡힌 우리와 같은 사람들을 건지시기 위해서였습니다. 그 결과로, 우리는 자유인이 되어 정당한 상속자의 권리를 누릴 수 있게 되었습니다. 이제 여러분은, 하나님의 자녀로 완전히 입양되었다고 자신 있게 말할 수 있습니다. 하나님께서 자기 아들의 영을 우리의 삶에 보내셔서 "아빠! 아버지!"라 부르도록 하셨으니 말입니다. 하나님과 친밀한 대화를 나눌 수 있는 특권을 가졌으니, 여러분은 이제 종이 아니라 자녀입니다. 그리고 자녀이면, 유산을 완전히 물려받을 수 있는 상속자이기도 합니다(메시지 성경)

우리는 납치됐다가 몸값을 주고 풀려난 상속자다. 그런 우리가 할 수 있는 가장 영광스럽고 용기 있는 일은 예수님이 죽음으로 건져내신 인생을 충만하게 사는 것이다. 성경을 역사 이야기가 아니라 편지라고 생각하고 읽어 보라. 우리는 하나님의 약속을 소유하고 있다. 지금 이 순간에도 하나님은 우리의 이름을 새로 지어주시며, 우리에게 주신 약속을 이루기 위해 일하고 계신다. 하나님의 뜻과 말씀은 우리가 처한 상황에 제약을 받지 않는다. 그분의 약속은 무엇과도 비교할 수 없다. 그 약속으로부터 도망가지 말고 온전히 받아들이라.

나눔 질문

1. 당신의 인생에서 하나님의 약속을 이루기 위해 먼저 해결해야 할 갈등은 무엇인가? 끊임없이 갈등을 일으키는 영역이나 관계는 무엇인가?

2. 지금 당신이 이루기를 피하고 그것으로부터 숨고 있는 꿈은 무엇인가?

3. 하나님의 대화에 끼지 않고 엿듣고만 있다면 그 이유는 무엇인가?

4. 침묵이 순종이 아닌 때는 언제인가?

5. 하나님이 약속을 주셨는데, 그것을 비웃으며 괜찮다고 거짓말한 것은 무엇인가?

4장

감히
비교하지 마라

4장
감히 비교하지 마라

비교는 기쁨을 빼앗아 가는 강도다.
- 시어도어 루스벨트(Theodore Roosevelt)

이 장에서 나는 나의 일화 하나를 소개하려고 한다. 당신은 나처럼 '일시적 비정상 장애'를 겪은 적이 없기를 바란다. 또 혹시 비슷한 경험이 있다면 내 이야기로 위안을 받기를 바란다.

그날 아침은 여느 날과 다를 바가 없었다. 나는 콜로라도의 아침을 덮친 혹독한 추위에 잠옷을 여미며 부엌으로 느릿느릿 걸어갔다. 존은 이미 한 시간 전에 일어나서 서재에서 책을 읽고 있었다. 두 아들이 모두 나가고 나는 소파에 앉아 여유롭게 마시면서 겨울 햇살이 서서히 우리 정원에 찾아드는 것을 지켜봤다. 나는 모처럼 한가로운 아침을 만끽했다. 완벽하게 평화로운 아침이었다.

그때 말씀을 읽든지 기도를 했어야 했다. 그 시간에 휴대폰을 들여다본 것이 실수였다. 나는 SNS를 통해 사람들과 교류하고 다른 사람의 글을 읽는 것을 좋아한다. 그러나 그날 그 목록을 보는 것이 아니었다.

문제의 목록

트위터에서 빠르게 퍼지는 하나의 목록이 내 눈에 들어왔다. 그 목록에는 내가 아는 이들, 아끼는 이들, 그리고 내가 조언을 해주는 이들까지 포함됐다. 나도 그 목록에 이름을 올리고 싶었지만 내 이름은 찾을 수 없었다.

문제의 목록은 해마다 작성되어 배포되는데 이번에도 내 이름은 없었다. 사실 나는 그 목록에 든 적이 한 번도 없었다. 그런데 문제는 그 목록에 내가 아는 이들이 대거 포함되어 있다는 사실이었다. 심지어 내가 가르친 사람도 있었다. 문제의 목록은 바로 '미국 최고의 여성 목회자 100인'이라는 목록이다. 내 심장이 빠르게 방망이질하기 시작했다. 비교의식이 마음을 휘저었다. 내 이름은 왜 빠졌을까? 무엇이 부족했을까? 순식간에 평정심이 무너졌다. 내가 쓴 책은 백만 부 이상 팔렸다. 그리고 나는 20년 이상 세계 곳곳을 누비며 설교했다. 그것만으로는 그 목록에 들기에 충분하지 않은 걸까? 뿐만 아니라 나는 30년 이상 모범적인 결혼생활을 유지하며 네 아들의 어머니로서도 내 역할을 다했다. 그 목록의 작성자가 올린 후기를 봤는데 거기에서 그녀는 목록에 당연히 들어가야 하는데 자신의 부주의로 이름이 빠진 목회자가 있을지도 모른다고 인정했다. 그러면서 바로잡기를 원하는 사람은 그 목록에 추가해야 마땅한 사람의 이름을 적어달라고 했다. 나는 곧바로 입력창을 찾으려고 스크롤을 내렸다. 혹시 내가 내 이름을 추가하면 이상하게 보일까? 그렇다면 비서에게 부탁해야 하나? 이런 생각을 하는 나 자신이 유치하고 비참했다. 나는 잠옷을 입은 채로 남편의 서재 문을 박차고 들어갔다. 그리고 소리쳤다.

"존, 나 이번에도 목록에서 빠졌어요!"

성경을 읽던 남편이 나를 올려다봤다. 혼란스러운 표정이었다. 그는 내가 무슨 목록을 말하는지도 몰랐다. 나는 흥분해서 목록에 대해 설명하기 시작했다. 남편은 아무 반응도 없었지만 나는 누가 그 목록에 들어갔는지 줄줄 읊었다. 그리고 내 이름이 빠져서 내가 얼마나 실망스러운지를 토로했다. 잠자코 듣던 남편이 성경에 줄을 치던 형광펜을 내려놨다. 그리고는 나에게 몇몇 성경 구절을 일러주고 묵상해 보라고 조언했다. 그건 내가 원한 반응이 아니었다. '성경 구절이 웬 말인가' 나는 물러서지 않았다. "지금은 성경을 읽고 싶지 않아요. 모르겠어요? 내 나이가 이미 쉰이 넘었는데 이번에도 빠졌다면 대체 언제 그 목록에 들 수 있겠어요?" 그가 물었다. "누가 그 목록을 만들었지?" 목록을 작성한 사람의 이름을 말해줬지만 남편도 모르는 사람이었다. "당신은 아는 사람인가?" 나는 고개를 저었다.

그는 천천히 고개를 끄덕이더니 다시 성경을 들었다. 남편의 표정에서 일말의 동정심도 느껴지지 않았다. 나는 서재를 박차고 나오면서 소리쳤다. "내 반응이 과하다는 건 나도 알아요." 아무래도 같은 여자한테

호소해야 할 것 같았다. 나는 남편을 방해하지 않고 큰 소리로 통화하기 위해 영하의 날씨에 잠옷 차림으로 테라스로 나갔다. 다행히도 나는 내 말에 전적으로 동의하며 맞장구를 쳐줄 사람이 아니라 냉정하게 진실을 말해줄 사람에게 전화를 걸었다. 나는 전화를 걸자마자 푸념을 늘어놨다. "그런데 저는 그 목록에 있나요?" 통화를 하던 상대방이 물었다.

"당연하죠. 저 빼고 전부 다 있어요."

"그런데 누가 그런 목록에 그렇게 신경을 쓰겠어요." 그녀가 내 편을 들어줬다.

"다른 사람들은 몰라도 저에게는 중요해요. 저도 신경 쓰고 싶지 않은데 자꾸 신경이 쓰여요. 누구라도 붙잡고 이야기하고 싶었어요."

잠시 침묵이 흘렀다. 혹시 갑자기 정신이 번쩍 들면서 자기 자신을 객관적으로 보게 된 경험을 한 적이 있는가? 그 순간 내가 그랬다. 말을 할수록 내 꼴이 우스워보였다. 이 전화는 처음부터 걸지 않는 편이 나았을 것이다.

나도 잠깐 내가 그 목록을 작성한다면 누구를 넣으면 좋을지 생각해봤다. 결정하는 것이 쉽지 않았다. 사람들을 줄 세우려는 시도는 아무리 공을 들여도 오류가 있게 마련이다. 최대한 꼼꼼하게 따져도 누군가는 목록에서 빠지게 되는 것이다. 나는 눈을 감았다. 숨을 깊이 들이쉬고 내쉬는데 그 순간 부드러운 성령님의 음성이 들려왔다. "리사, 왜 그렇게 화가 났니?"

이제 진리를 마주할 시간이다. 나는 여전히 비교라는 잔인한 괴물과 씨름을 벌이고 있는 초라한 존재에 불과하다. 올해의 여성 목회자 목록은 나에게 그 사실을 깨우쳐 주었다. 내가 누구인지에 대한 확신을 얻기 위해 남을 바라보면 결국 남과 비교하게 된다. 그러나 어떤 성취, 목록, 보상도 하나님이 우리 마음에 새겨주시는 확신과 같을 수 없다.

기쁨을 앗아가는 강도

경쟁의식을 부추기는 행위는 우리의 능력을 발휘하는 것을 가로막는다. 이에 대해 시어도어 루스벨트Theodore Roosevelt 대통령은 "비교는 기쁨을 빼앗아 가는 강도"라는 명언을 남겼다. 그날 아침 나는 기쁨을 빼앗아가는 강도의 모습을 생생하게 목격했다. 나는 비교에 눈이 멀어 누군가 내가 평생을 바쳐 일군 작품에 흙탕물이 튀긴 기분이었다.

비교에는 분명 끌어당기는 힘이 있다. 비교는 어깨를 으쓱하게 만들기도 하고 우리를 밑바닥까지 끌어 내리기도 한다. 나는 내 이야기를 들어준 친구에게 문자를 보내고, 서재로 돌아가 경건한 남편을 말없이 안아준 후 침실로 들어가서 문을 닫았다. 그리고 무릎을 꿇고 기도를 드렸다.

하늘에 계신 아버지

저의 약한 부분을 드러내 주셔서 감사합니다. 저를 용서해 주시고, 제 마음의 잡초를 뿌리 뽑아 주세요. 예수님 이름으로 기도드립니다. 아멘.

존이 내게 권했던 성경 구절은 고린도후서 10장 12절이었다.

우리는 자기를 칭찬하는 어떤 자와 더불어 감히 짝하며 비교할 수 없노라 그러나 그들이 자기로서 자기를 헤아리고 자기로서 자기를 비교하니 지혜가 없도다

사람들을 줄 세우고 비교하는 행위는 교만에서 비롯된 것이다. 우리는 '교만이 패망의 선봉'이라는 말씀을 잘 알고 있다. 지금부터 살펴보려는 3C에 걸려들면 우리는 무서운 나락으로 떨어지게 된다.

줄 세우기 Classify

현명한 사람은 사람들을 줄 세우지 않는다. 반대로 자기 자신도 남들이 세운 줄에 신경 쓰지 않는다. 사람들을 줄 세우는 것은 사실 그들을 어떤 한계에 가두는 것이다. 유사어로는 등급 매기기, 분류하기, 낙인찍기 등이다. 우리의 인생을 등급으로 매기는 것은 불가능하다. 우리의 인생은 그러기에는 매우 복잡하다.

당신의 인생에 순위와 점수가 매겨지고 남들과 비교하여 줄을 세우고 싶은가? 자신의 인생에 그렇게 한계를 정하고 나면 거기에 갇혀버리기 쉽다. 몇 년 전 나이가 지긋한 한 성도가 존에게 이런 조언을 한 적이 있다. "남들이 당신에 대해 정의내리도록 허락하지 마십시오. 당신이 거기에서 벗어나면 그들은 당신에게 실망했다고 말할 테니까요."

그러나 대부분의 사람들은 남들을 자신의 기준에 따라 정의내리고 꼬리표를 붙이는 것을 좋아한다. 물론 당신에 대해서도 다른 사람들이 그렇게 할 것이다.

비교하기 Compare

믿음이 있는 사람은 남들과의 비교에 얽매이지 않는다. 자신의 최종 종착지를 알기 때문이다. 또한 영원한 세계가 이 세상과 비교할 수 없음도 알기 때문이다. 하나님을 닮아가는 것은 끝나지 않는 여정이다. 비교는 단지 더 좋은 것이 있다는 사실을 모르는 겁쟁이들의 피난처일 뿐이다.

우리가 오르고 있는 산의 이름은 무엇인가? 인기인가? 영원의 관점에서 보면 인기란 잿더미에 불과하다. 빌립보서 3장 8절에서 바울은 이것을 배설물이라고 표현했다. 하지만 많은 사람들이 배설물이 묻은 발로 돌아다니면서 악취를 풍긴다. 아무리 익숙해져도 악취는 악취일 뿐이다. 빌립보서 3장 7~9절은 이렇게 말한다.

> 나는 저들이 자랑스럽게 내세우는 조건들을, 내가 명예로이 여겼던 다른 모든 것과 함께 갈기갈기 찢어 쓰레기통에 내던졌습니다. 왜 그랬을까요? 그리스도 때문입니다. 그렇습니다. 내가 전에 그토록 중요하게 여겼던 모든 것이 내 삶에서 사라져 버렸습니다. 그리스도 예수를 내 주님으로 직접 아는 고귀한 특권에 비하면, 내가 전에 보탬이 된다고 여겼던 모든 것은 하찮은 것, 곧 개똥이나 다

름없습니다. 나는 그 모든 것을 쓰레기통에 버렸습니다. 그것은 내가 그리스도를 품고, 또한 그분 품에 안기려는 것이었습니다(메시지 성경)

인정받기 Commend

　자신이 성취한 일로 사람들에게 인정을 받는 것도 잘못일까? 물론 격려와 칭찬은 필요하다. 하지만 거저 주어진 것을 자신의 성취로 여기는 순간 문제는 복잡해진다. 우리는 우리의 노력이 아니라 은혜로 은사를 받았고 열매를 맺었다. 우리는 단지 하나님의 청지기일 뿐이다.

　세상에는 말을 잊게 할 정도로 뛰어난 외모를 가진 사람도 있고, 막대한 부와 명예를 갖춘 집안에서 태어난 사람도 있다. 또 극소수는 외모와 재물을 모두 갖추고 태어난다. 반면 정반대의 환경에 태어난 사람도 있다. 하지만 이런 요인들은 우리의 인생이나 가치에 영향을 미치지 못한다. 하나님은 사람의 겉모습이 아니라 중심을 보신다.

　이러한 현실을 보면서 사람들은 하나님이 공평하지 않다고 느낄 수도 있다. 하지만 하나님은 공평한 분이시다. 그분이 모든 인생을 판단하신다. 우리를 판단하실 분은 오직 하나님 밖에 없다. 이것이 우리가 서로 비교하지 말아야 할 이유다. 우리는 잠시 머물다 갈 이 세상의 저울로 우리의 인생을 저울질을 하지만, 영원한 세계에서 우리의 인생이 판단 받고 있음을 알지 못한다. 그러므로 이 땅에서의 경쟁은 불필요한 것이다. 이에 대해 고린도후서 10장 12절 후반부는 이렇게 말한다.

> 그러나 그들이 자기로서 자기를 헤아리고 자기로서 자기를 비교하니 지혜가 없도다

앞서 말한 것처럼 하나의 목록 덕분에 나의 잘못된 관점이 드러났다. 나뿐만 아니라 우리 모두가 서로를 헤아리고 비교한다. 오만하게 자기 자신을 다른 사람과 비교하여 높이는 사람도 있고, 반대로 남이 자신을 비교하게 허락하여 하나님이 만드신 자신의 삶을 평가절하 하는 어리석은 사람도 있다.

양 극단 모두 위험하다. 세상에 진정한 기준은 하나뿐이다. 하나님 한 분만이 거룩하시고 순전하시며 전능하시다. 우리가 얼마나 부지런하든, 칭찬받을 만하든 우리는 그분과 감히 적수가 되지 못한다. 내가 분노를 삭이면서 찾아봤던 또 다른 구절은 요한복음 5장 44절이다.

> 너희가 서로 자리다툼을 벌이고, 경쟁자들보다 상석에 앉으려 하고, 하나님을 무시하는 데 시간을 다 허비하면서, 어떻게 하나님과 함께 하는 곳에 이르기를 기대하느냐? (메시지 성경)

우리는 경쟁상대가 없으신 하나님의 임재로 초청받았다. 그런데 왜 경쟁자들과 자리를 다투며 시간을 허비하고 있는가? 남들이 우리 인생을 재단하도록 놔둘 때 우리와 하나님 아버지와의 관계는 느슨해진다. 사람들이 우리 자신에 대해 하는 말들로 우리의 관점은 왜곡된다. 그리

고 하나님이 선포하신 진정한 정체성을 잊어버린다. 당신은 나 같은 유치한 실수를 저지르지 않길 바란다. 남들과 비교하는 것이 매일 반복되면 삶의 의욕이 없어질 것이다.

물어뜯기

SNS는 좋은 친구를 많이 사귀게도 하지만 반대로 적개심을 품은 이웃도 많이 생기게 한다. 그런 사람들을 모두 사랑으로 품을 수 없다면 경계선을 지키는 것이 좋다. 증오심을 드러내는 사람에게 똑같이 맞받아치지 마라. 우리가 은혜 가운데 살고 있다고 해서 우리를 무례하게 대해도 된다는 뜻은 아니다.

바울은 "온 율법은 네 이웃 사랑하기를 네 자신 같이 하라 하신 한 말씀에서 이루어졌나니 만일 서로 물고 먹으면 피차 멸망할까 조심하라" 갈 5:14-15고 말했다. 바울의 묘사한 장면은 그리 아름답지 않다. 걸신들린 두 사람이 분별없는 짐승처럼 서로의 살점을 뜯어먹다가 결국 없어져버리는 상황을 떠올려 보라. 그리스도를 구 주로 고백하는 우리가 본받아야 할 모습은 아니다. 그런데 블로그와 인터넷에서 벌어지는 설전은 물어뜯는 행위와 별반 다르지 않다. 인터넷상에서 공격당한 영혼은 겉으로 드러나지 않더라도 이미 피투성이다. 과거에는 불가능했던 이런 일이 현대 사회에서는 일상적으로 일어난다. 나도 그런 상황을 겪어 봤기에 그 심정을 누구보다 잘 안다. 그런데 내가 물어뜯는 대상은 실은 나의 모자란 부분을 반영하고 있는 경우가 많다. 우리는 댓글을 총알로 여기고 서로를 관대하게 대해야 한다.

남에게 용기를 주는 행위와 질투를 유발하는 행위에는 엄청난 차이가 있다. 다른 사람을 초대하는 행위와 의도적으로 소외감을 느끼게 만드는 행위도 마찬가지다. 당신이 SNS에서 팔로우하는 상대가 당신 속에 있는 가장 나쁜 모습을 끄집어낸다고 해보자. 무턱대고 비난하기 전에 한 발 물러나 스스로에게 물어보라. "왜 이런 일이 일어났을까?" 원수가 꾸미는 악한 계략을 하나님의 선한 일로 바꾸는 법을 터득하지 않는다면 경쟁심이 당신을 파괴할지도 모른다. 갈라디아서는 이러한 경쟁심을 잘 묘사하고 있다.

여러분이 항상 자기 마음대로 살려고 할 때 여러분의 삶이 어떻게 될지는 아주 분명합니다. 사랑 없이 되풀이되는 값싼 섹스, 악취를 풍기며 쌓이는 정신과 감정의 쓰레기, 과도하게 집착하지만 기쁨 없는 행복, 껍데기 우상들, 마술쇼 같은 종교, 편집증적 외로움, 살벌한 경쟁, 모든 것을 집어삼키지만 결국 만족할 줄 모르는 욕망, 잔인한 기질, 사랑할 주도 모르고 사랑받을 줄도 모르는 무력감, 찢겨진 가정과 찢어진 삶, 편협한 마음과 왜곡된 추구, 모든 이를 경쟁자로 여기는 악한 습관, 통제되지도 않고 통제할 수도 없는 중독, 이름뿐인 꼴사나운 공동체 등이 그것입니다. 더 열거할 수도 있지만 그만하겠습니다.

여러분도 알다시피, 내가 여러분에게 경고한 것이 이번이 처음은 아닙니다. 여러분이 자신의 자유를 그런 식으로 사용하면, 여러분은 하나님 나라를 상속받지 못할 것입니다(갈 5:19-21, 메시지 성경)

사실 나는 이 구절을 읽다가 눈물을 흘렸다. 바울이 경고한 일이 요즘 얼마나 빈번하게 일어나는가? 바울이 갈라디아서라는 편지를 쓴 대상은 세상이 아니라 교회다. 여기서 '모든 이를 경쟁자로 여긴다depersonalize'는 무슨 뜻일까? 이는 곧 상대방의 고유한 인격과 개성을 무시한다는 뜻이다. 나치는 독일 국민들이 유대인을 하나님의 형상대로 지음 받은 인간으로 여기지 않도록 그들의 인격과 개성을 지웠다. 안타깝게도 나치의 전략은 오늘날에도 집단이나 개인에게 적용되고 있다.

사람들은 너무나 빨리 서로를 정죄하고 비난한다. 그래서 다른 사람의 마음에 상처를 입힌다. 이솝은 '안전한 거리에서는 용기를 내는 것이 어렵지 않다'라고 말했다. 우리가 활용하는 SNS는 이러한 '안전거리'를 제공한다. 안전거리는 겁쟁이들은 대담하게 만들기도 하고, 상대방의 인간성을 무시하고 괴롭히기도 한다. 직접 얼굴을 보고서는 절대 내뱉지 못할 말도 인터넷에서는 서슴없이 한다. 그리스도인들끼리도 인터넷상에서 서로 비난하며 손가락질한다. 그 모습을 보며 사탄은 미소 지을 것이다. 인터넷이 사탄의 일을 많이 줄여주고 있는 셈이다.

책망하는 법

"그렇더라도 잘못을 저지르는 사람이 있으면 공개적으로 바로잡아 줘야 하지 않을까요?"라고 주장하는 사람도 있을 수 있다. 다행히도 하나님은 이 문제에 대해 성경에서 말씀하셨다.

면책은 숨은 사랑보다 나으니라 친구의 아픈 책망은 충직으로 말미암는 것이나 원수의 잦은 입맞춤은 거짓에서 난 것이니라(잠 27:5-6)

이 구절에서 면책面責이 사랑보다 낫다는 말이 무슨 뜻일까? 여기에서 면책이란 얼굴을 마주 보고 책망한다는 뜻이다. 이것이 중요하다. 책망하는 행위는 열린 마음, 따뜻한 두 팔, 정직한 얼굴로 해야 효과가 있다. 우리는 남들이 우리를 책망해 주기를 원하는 방법대로 다른 사람을 책망해야 한다.

잠언 말씀은 친구끼리의 책망을 이야기하고 있지만 지도자, 교사, 상사에게도 모두 적용할 수 있다. 책망은 우리를 잘 알거나 우리에게 큰 관심을 가지고 있는 사람이 직접 해줄 때 제대로 받아들여질 수 있다. 일대일로 하는 것이 좋으며 직접 만나서 할 수 없다면 전화 통화가 낫다. 덧붙이자면 문자로 책망하는 것은 좋지 않다. 말이 문자로 옮겨지는 과정에서 너무나 많은 의미가 날아가기 때문이다.

반대로 등 뒤에서 잘못을 지적하는 경우도 있다. 아마 누구나 겪어봤을 것이다. 이런 식의 책망은 진정성을 의심해봐야 한다. 아무리 옳은 말이라도 당사자 앞에서 하지 않는다면 그 사람이 성장하는 데 전혀 도움이 되지 않기 때문이다. 사실 등 뒤에서 잘못을 지적하는 것은 그 사람의 성장을 가로막는다. 진정한 친구라면 '면책'할 때 상대방에게 해명할 기회를 주고 그가 성장할 수 있도록 도와준다.

누군가를 SNS에서 비난하는 일은 면책이라 할 수 없다. 일반 대중에게 공개된 공간이기 때문이다. 내가 아끼고 존경하는 친구들이 있는데 나와 가깝게 지내며 서로를 잘 아는 친구들이다. 그런데 이 경건한 친구들조차 SNS에서 공개적으로 공격을 당하곤 한다. 그들은 공개된 공간에 왜곡된 사실을 올려서 친구들에게 상처를 입혔다. 성경은 이런 사람들을 어떻게 대해야 하는지에 대해 명쾌한 답을 준다.

> 이단에 속한 사람을 한두 번 훈계한 후에 멀리하라 이러한 사람은 네가 아는 바와 같이 부패하여 스스로 정죄한 자로서 죄를 짓느니라 (딛 3:10-11)

이런 사람들의 논쟁에 참여해선 안 된다. 건강에도 해로우니 이들과 관련해서는 아무 일도 하지 않는 편이 낫다. 우리가 해야 할 일은 격려이지 다툼이 아니다. 디도서 3장 10~11절을 메시지 성경에서는 이렇게 번역했다.

> 다툼을 일삼는 사람이 있거든, 한두 번 타이른 뒤에 손을 떼십시오. 그런 사람은 제멋대로 굴다가 하나님께 반역할 것이 분명합니다. 그런 사람은 계속해서 불화를 일으키다가 스스로 고립될 뿐입니다.

나이가 들수록 만나는 친구들의 숫자가 줄어들지만 그만큼 서로에게 진실해진다. 좋은 친구들을 보면 닮고 싶다는 생각이 들고, 어떤 사람을 보면 저렇게 되면 안 되겠다는 생각도 든다. 종종 경쟁심을 조장하는 환경에서 우리 속에 있는 죄악이 드러난다. 그러나 우리가 그것을 인정할 때 하나님이 개입하신다. 그리고 그것을 통해 우리의 인격을 성숙시키신다. 잠언 27장은 이것을 이렇게 표현했다.

> 배부른 자는 꿀이라도 싫어하고 주린 자에게는 쓴 것이라도 다니라 (잠 27:7)

나는 내 삶에서 더 많은 열매를 맺기를 소망한다. 주님께 가까이 다가갈수록 경건의 삶을 방해하는 실체를 똑똑히 볼 수 있다. 내가 인생에서 맛본 가장 달콤한 꿀은 내 친구들이었다. 그들은 나를 아꼈기 때문에 상처가 될지라도 나에게 진실을 말해 주었다. 반면 친구가 아닌 사람들은 아첨을 하거나 거짓으로 결국 더 큰 상처를 준다. 사람들의 말이나 비교에 주눅 들지 말자. 자신의 부족함을 발견했다면 하나님 앞에 무릎을 꿇자. 그것을 가지고 아버지께로 가면 아버지가 크게 기뻐하신다.

나눔 질문

1. 당신에 대한 다른 사람의 정의에 의해 제한받은 적이 있는가? 성별, 인종, 나이 등의 요소는 당신을 어떻게 제한했는가?

2. 비교의식 때문에 기쁨을 빼앗긴 적이 있는가? 그것은 어떤 상황이었는가?

3. 다른 사람을 줄 세우고 비교하며, 다른 사람의 인정을 받기 위한 행동의 근본 원인은 무엇인가?(잠 29:25 참고)

4. SNS는 당신을 격려하는가, 아니면 부정적으로 자극하는가? SNS가 당신의 삶에 생산적인 영향력을 끼치게 하려면 어떻게 해야 하는가?

5. 등 뒤에서 하는 책망과 얼굴을 보고 하는 책망은 어떻게 다른가?

5장

남들이 나를
경쟁자로 볼 때

5장
남들이 나를 경쟁자로 볼 때

> 어느 정도의 저항은 인간의 성장에 도움이 된다. 연을 날아오르게 하는 것은 순풍이 아니라 역풍이다.
> - 루이스 멈퍼드(Lewis Mumford)

얼마 전 친한 친구와 전화 통화를 했는데 그 친구의 남편은 재능 있는 음악 프로듀서였고, 그 친구 역시 목회자로서 여러 면에서 재주가 많았다. 두 사람은 순수하고 겸손하며 열정이 넘치는 부부였다. 그런데 최근 이 부부가 비방을 당하고 오해를 받는 일이 생겼다. 나는 친구의 이야기를 듣다가 어느 순간 친구가 하는 말을 놓쳐 버렸다. 더 이상 내 시선은 그들이 지금 어떤 일을 겪고 있는지를 보고 있지 않았다. 대신 그들이 어떤 미래를 향해 나아가고 있는지를 봤다. 나는 갑자기 신이 나서 외쳤다. "바로 그거야! 하나님이 너에게 비판자들을 허락하신 것에 대해 감사해야겠어. 그 사람들이 못살게 군 덕분에 두 사람이 지금 여기까지 왔으니 말이야."

내가 두 사람의 미래가 밝다고 판단한 것은 비판하는 사람들의 모함 때문이 아니었다. 억울한 상황에서 그 부부가 취한 반응 때문이었다. 물론 제 삼자의 입장이니 쉽게 말하는 것 아니냐고 반문할 수도 있다. 하지만 나도 비슷한 상황을 겪고 있었다. 그날 친구와의 대화는 내게도 용기를 주었다.

나는 비난을 당할 때 좌절감에 빠지기보다 지난날을 돌아보며 신실하신 하나님을 바라보는 방법을 터득했다. 과연 하루를 더 살아낼 수 있을지 확신할 수 없을 때 그분이 나를 이끌어 주셨다. 아이러니하게도 내가 하나님의 신실하심을 발견할 수 있었던 건 친구들이 아닌 원수들 덕분이었다. 나를 비난하는 사람들 덕분에 나는 나 자신이 어떤 사람인지를 똑바로 볼 수 있었다.

친구들은 내 피난처가 되어주지만, 그 피난처가 나의 성장을 도와주지는 않는다. 친구들은 내가 인생의 폭풍우를 만날 때 나를 보호해 주지만, 원수는 어떻게든 나를 폭풍우 속으로 밀어 넣는다. 우리는 하나님이 궁극적인 피난처라는 사실을 깨달아야 한다. 그렇다면 친구와 경쟁자 중 누가 더 나은 교사인가?

경쟁자는 어쩔 수 없지만 받아들여야만 하는 현실이다. 나도 경쟁자를 좋아하지 않지만 어쩌겠는가. 하지만 경쟁자가 존재하는 데는 이유가 있다. 경쟁하지 않는 삶을 살라는 말이 인생에서 경쟁자를 제거해야 한다는 의미는 아니다. 경쟁하지 않는다는 말은 우리가 하나님의 목적대로 부르심을 받았을 때 모든 것이 합력하여 선을 이룬다는 사실을 믿는다는 뜻이다. 우리는 경쟁을 자극제로 삼아 더 크게 성장하고 통찰력을 얻어 앞으로 나아가면 된다.

경쟁자는 마치 촉매제처럼 우리의 연약함을 드러내고 강점은 더 발전하도록 자극한다. 또 우리의 한계 너머로 우리를 밀어붙이고 하나님을 바라보게 만든다.

이 글을 읽으면서 "아니, 언제는 우리가 경쟁자가 없는 하나님의 자녀요, 비교할 수 없는 약속을 유산으로 받았으며 하나님을 예배하기 위해 창조된 존재라고 했잖아요?"라고 따지는 사람이 있을 지도 모른다. 그렇다. 우리는 경쟁자가 없는 유일한 하나님의 자녀다. 이는 창조주와의 관계 속에서 우리의 정체성이다. 또한 다른 사람과 관계를 맺을 때 가져야 할 관점이기도 하다. 하지만 경쟁이라는 관계가 아예 존재하지 않으며, 어떤 전쟁 없이 약속이 성취되리라고 생각한다면 오산이다. "너희는 세상의 빛이라"마 5:14.라는 선포가 어둠의 존재 자체를 없애지 않은 것과 같은 이치다.

'경쟁'rival에는 명사, 형용사, 동사의 의미가 있다. 명사로 쓰일 때는 동료, 대등한 상대, 시합 상대와 같은 일상적인 의미에서부터 적수, 원수, 적대자와 같은 특정한 의미까지를 아우른다. 형용사일 때도 친구와의 경쟁에서부터 적과 맞붙는 상황까지를 전부 의미한다. 동사로 쓰일 때도 마찬가지로 대등하다, 비기다, 비교하다 같은 부드러운 의미에서 능가하다, 대적하다, 초월하다 같은 의미를 모두 포함한다.

경쟁은 곧 현실이다. 어쩌면 지금 이 순간에도 누군가는 우리를 경쟁자로 바라보고 있을지 모른다. 대다수의 사람들은 운동 경기, 학술 대회, 미인 대회, 과학 박람회나 선거 같은 상황이 아니라면 의식적으로 경쟁자를 만들지 않는다. 그러나 현실에서 경쟁자는 삶의 구석구석에 존재한다. 당신은 남들이 당신을 어떻게 바라보는지를 통제할 수 없다. 그나마 좋은 소식이 있다면 남들을 어떻게 바라볼지는 전적으로 당신에게 달렸다는 것이다. 당신이 남들을 바라보는 시선을 바꾸면, 남들이 당신을 바라보는 시선도 바뀔 가능성이 높다. 또한 경쟁자가 어떤 동기를 가지고 있든 당신은 그 경쟁을 유리한 방향으로 반전시킬 수 있다. 그러려면 통제에 관한 두 가지 사항을 기억해야 한다.

1. 당신은 남들이 어떻게 말하고, 생각하고, 행동하고, 느끼는 지를 통제하거나 책임질 수 없다.
2. 당신은 자신이 어떻게 말하고, 생각하고, 행동하고, 느낄 지를 통제하거나 책임져야 한다.

그렇다면 경쟁자가 어떻게 우리에게 선한 영향을 끼칠 수 있는가?

경쟁자는 하나님의 권능을 드러낸다

모세는 비밀리에 이 세상에 태어났으며, 갈대 상자에 담겨 강을 떠내려가던 중 왕족에게 구출 받아 파라오의 궁에서 자랐다. 하나님은 여러 방법들을 사용해서 모세를 보호하셨다. 그러다가 모세는 고난을 만나면서 자신의 소명을 깨닫게 된다. 바로 혼자 힘으로 문제를 해결하려다 실패해서 자기 민족과 공동체에서 쫓겨났을 때였다. 사막에서의 유목 생활은 기나긴 휴식기 같았을 것이다. 그러던 중 어느 날 모세에게 하나님이 찾아오셨다. 여기서 알게 되는 교훈은 과거에 잘못을 저질렀다고 해서 미래에도 영영 은혜 가운데 살 수 없는 것은 아니라는 점이다. 어쨌든 모세는 이미 자신이 특별한 보호를 받는 이유를 알고 있었고, 하나님이 자신을 불러 시키실 일도 알고 있었다. 다만 그에게는 구원자로서의 성품이 부족했다. 그래서 하나님은 모세에게 깊이를 더하셔야 했다. 그런 깊이는 왕궁에서 안락하게 살아서는 절대 생기지 않는다. 하나님은 우리가 언젠가 맞닥뜨릴 일에 대비해서 우리를 준비시키신다. 드디어 준비된 모세가 형 아론, 누이 미리암, 이스라엘 백성에게로 돌아왔다. 때가 이르자 하나님이 그를 파라오를 상대할 구원자로 기름 부으신 것이다.

하나님은 모세를 경쟁자인 파라오 앞에 세우셔서 장차 세계적으로 널리 알려질 위대한 인물로 만드셨다. 하나님은 모세를 파라오에게 보내실 때 그가 경고에 귀를 기울이지 않을 것을 미리 알려 주셨다.

> 내가 네게 명령한 바를 너는 네 형 아론에게 말하고 그는 바로에게 말하여 그에게 이스라엘 자손을 그 땅에서 내보내게 할지니라 내가 바로의 마음을 완악하게 하고 내 표징과 내 이적을 애굽 땅에서 많이 행할 것이나 바로가 너희의 말을 듣지 아니할 터인즉 내가 내 손을 애굽에 뻗쳐 여러 큰 심판을 내리고 내 군대

> 내 백성 이스라엘 자손을 그 땅에서 인도하여 낼지라 내가 내 손을 애굽 위에 펴서 이스라엘 자손을 그 땅에서 인도하여 낼 때에야 애굽 사람이 나를 여호와인 줄 알리라 하시매(출 7:2-5)

하나님이 실패할 가능성이 높아 보이는 임무를 주실 때는 뜻하신 목적이 있으시기 때문이다. 또한 파라오가 그토록 대단한 위치에 있었던 이유는 온 땅의 모든 사람들에게 하나님이 파라오보다 크신 분임을 알게 하기 위해서였다.

> 내가 손을 펴서 돌림병으로 너와 네 백성을 쳤더라면 네가 세상에서 끊어졌을 것이나 내가 너를 세웠음은 나의 능력을 네게 보이고 내 이름이 온 천하에 전파되게 하려 하였음이니라(출 9:15-16)

경쟁자는 하나님의 권능을 드러내는 역할을 한다. 이집트인들과의 충돌은 압제를 받으면서도 아무 형상도 이름도 없는 하나님을 경배하던 이스라엘 민족을 높이고 구별하는 계기가 됐다. 오늘날 우리의 삶에서 하나님은 어떤 갈등을 활용하셔서 우리를 보호하시는가? 어떤 갈등을 통해 구원하시는 하나님을 경험하게 하시는가? 어떤 싸움이 우리의 앞길을 가로막고 있는지 똑바로 보라. 그리고 경쟁자가 주는 유익을 묵상해 보라. 누가 다윗 왕을 위대한 인물로 만들었는가? 선지자나 그의 친구였는가? 아니다. 경쟁자였던 골리앗이 다윗을 높였다.

다윗이 막강한 블레셋의 경쟁자와 겨루어 이기지 않았다면 무명의 한 병사에 불과했을 것이다. 다윗은 사무엘 선지자가 기름을 부었지만 실제로 왕이 되기 전까지 수많은 경쟁자와 싸워야 했다. 기름부음은 우리를 구별시키지만, 우리를 세우는 것은 골리앗과의 대결이다.

골리앗은 전쟁터를 향하면서 사울 왕을 상대할 것이라고 생각했을 것이다. 사울은 골리앗처럼 거인은 아니었지만 이스라엘의 내로라하는 장수이자 노련한 전사였다. 성경은 사울이 이스라엘의 다른 남자들보다 머리 하나는 더 컸다고 전한다. 학자들은 사울의 키가 1.8~2미터, 골리앗의 키는 2.7미터가 넘었을 것으로 추정한다. 정확한 키는 알 수 없지만 골리앗은 사울 왕보다 훨씬 컸고, 사울 왕은 목동 다윗보다 훨씬 컸다. 하지만 다윗에게는 작은 키를 만회할 만한 무기가 있었다. 바로 '투지'였다. 투지가 있다는 말은 대담함과 용기, 결단력과 의지를 지녔다는 의미다. 최근 연구 결과에 따르면 '투지'는 미 육군사관학교에서 졸업에 성공하는 생도를 판별할 때 SAT 점수나 학점보다 더 예측력이 높은 요소라고 한다.[1] 이 연구의 설문에 자신의 투지가 1~5점 가운데 얼마라고 생각하는지를 묻는 항목이 있었다. 만약 다윗이 이 평가를 받았다면 투지가 5점 이상이었을 것이다. 그런 투지가 없었다면 사자나 곰과 맞붙어 싸울 수 없었을 것이다. 뿐만 아니라 다윗은 거인을 마주쳤는데도 자신의 승리를 전혀 의심하지 않았다. 사울은 다윗보다 키는 컸을지 몰라도 투지 면에서는 왜소하지 않았을까? 전장에 모인 모든 사람의 관심을 끌려면 상대가 말도 안 되게 뛰어나야 한다. 다윗을 위대한 인물로 만들기 위해서는 그만큼 뛰어난 경쟁자가 필요했다. 전장에 나가길 주저했던 장수 사울, 그리고 블레셋 장수에 대한 공포감은 다윗을 위대한 인물로 만들기에 충분했다. 말콤 글래드웰Malcolm Gladwell은 『다윗과 골리앗』에서 날카로운 통찰력으로 이렇게 지적했다.[2]

> 이 세상에서 가치 있다고 여기는 많은 것들이 이런 식의 일방적 우위를 점한 상대와의 충돌 속에서 나온다. 압도적으로 불리한 상황에 맞서는 행동이 위대함과 아름다움을 만들어내기 때문이다… 자신이 약자underdog라는 인식은 때때로 우리가 상상하지 못하는 방식으로 사람을 바꾸어 놓을 수 있다. 약자라는 인식은 기회를 만들어내고, 자신을 일깨우며, 그런 처지가 아니었다면 생각할 수 없었던 일을 가능하게 만든다.

이기기가 불가능해 보이는 경쟁자를 마주쳤을 때, 우리는 둘 중 하나를 선택할 수 있다. 항복하고 무릎을 꿇거나 분연히 일어나 싸우는 것이다. 다윗은 사울이 친히 입혀 준 군복도 마다하고 하나님의 이름을 불렀다.

> 다윗이 블레셋 사람에게 이르되 너는 칼과 창과 단창으로 내게 나아 오거니와 나는 만군의 여호와의 이름 곧 네가 모욕하는 이스라엘 군대의 하나님의 이름으로 네게 나아가노라 오늘 여호와께서 너를 내 손에 넘기시리니 내가 너를 쳐서 네 목을 베고 블레셋 군대의 시체를 오늘 공중의 새와 땅의 들짐승에게 주어

온 땅으로 이스라엘에 하나님이 계신 줄을 알게 하겠고(삼상 17:45-46)

골리앗은 다윗을 위대한 인물로 세워 주었다. 더불어 다윗이 블레셋에 승리를 거둠으로써 세상 사람들은 하나님의 손이 이스라엘과 함께하심을 알게 되었다. 당신도 다윗 못지않게 하나님의 이름을 높이고 싶을 것이다. 이 시대의 골리앗에 맞서기 위해 바위 뒤에서 나와 전진해야 한다. 당신 안에는 그리스도를 무덤에서 일으킨 성령님이 계신다. 하지만 경쟁자들은 당신이 오롯이 자신의 힘으로 싸우기를 바란다. 거기에 속으면 안 된다. 우리의 싸움은 우리의 영광이 아닌 그분의 영광을 위한 것이기에 그분의 힘으로 싸워야 한다.

골리앗이 다윗을 유명하게 만들었듯이 SNS도 누군가를 스타로 만들 수 있다. 하지만 유명세가 왕을 만들어 주지는 않는다. 명성이 변질되면 자기중심적인 독재자가 된다. 하나님은 사울처럼 신뢰할 수 없는 지도자가 아니라 하나님만을 경배하고 만천하에 하나님의 능력을 드러낼 지도자를 원하셨다. 우리는 하나님의 왕과 제사장으로 부름 받았다. 그러니 우리가 충성할 대상은 사람들에게 얻는 인기가 아니라 하나님이다. 다윗은 하나님을 경외했지만 사울은 백성을 두려워했다는 사실을 잊지 말아야 한다.

유명한 사람에게는 팬fan이 있다. 팬은 변덕이 심하기 때문에 이유 없이 좋아해 주다가 갑자기 돌아서기도 한다. 다윗 왕에게 필요한 사람들은 팬이 아니라 목숨을 걸고 충성하는 신하들이었다. 신실한 왕에게는 현명한 조언자, 충성스러운 군대, 신뢰할 만한 종이 필요하다. 그런데 이들의 충성을 얻으려면 다윗이 먼저 준비되어야 했다. 그래서 하나님은 다윗을 왕으로 준비시키기 위해 다른 경쟁자를 예비하셨다.

경쟁자는 우리의 앞길을 열어준다

경쟁자는 무명의 인물을 유명하게 만들기도 하지만 반대로 명성이 있는 사람을 넘어뜨리기도 한다. 그러나 다행인 것은 경쟁자가 당신의 인생에서 어떤 역할을 할지는 당신 스스로 선택할 수 있다. 당신의 선택에 따라 경쟁자가 당신 속에 있는 최상의 무언가를 끌어내도록 할 수도 있고, 당신의 앞길을 열어줄 수도 있다.

다윗은 양치기일 때 하나님을 만났다. 그는 중동 밤하늘의 반짝이는 별빛 아래에서 양떼에 둘러싸여 하나님을 예배했다. 그리고 사자와 곰에 맞서 자기 양을 구해냈다. 또 다윗은 광야에서 들짐승처럼 쫓기는 것이 어떤 것인지를 배웠다. 사울 왕은 투지의 용사 다윗을 하나님의 임재 가운데로 이끌기에 완벽한 인물이었다. 경쟁자인 사울을 통해 기름부음을 받은 왕 다윗의 길이 열렸다.

처음에 사울은 다윗을 무척 아꼈다. 다윗에게 하나님이 함께하심을 알았기 때문에 사울은 고통을 느낄 때마다 다윗을 가까이했다. 사무엘상 18장 5절에는 사울이 다윗을 얼마나 아꼈는지를 잘 보여준다.

다윗은 사울이 무슨 일을 맡기든지 그 일을 아주 잘 해냈다. 다윗이 일을 너무나 잘하자 사울은 그에게 군대의 작전권까지 맡겼다. 일반 백성뿐 아니라 사울의 신하들까지도 모두 다윗의 지도력을 인정하고 칭찬했다(메시지 성경).

사울에게 다윗은 뛰어난 장수이자 부하였고, 악령이 내릴 때는 수금을 타서 그의 영혼을 달래주기도 했다. 모든 일이 순조롭게 흘러갔다. 사울이 사람들의 노래를 듣기 전까지는 말이다.

다윗이 블레셋 사람을 죽이고 나서 무리가 집으로 돌아올 때, 이스라엘 모든 마을에서 여인들이 쏟아져 나와 노래하고 춤추면서, 탬버린과 흥겨운 노래와 비파로 사울왕을 환영했다. 여인들은 흥에 겨워 즐겁게 노래했다. 사울은 수천 명을 죽이고 다윗은 수만 명을 죽인다! 그 말에 사울은 몹시 화가 났다. 사울은 그것을 자신을 무시하는 말로 받아들였다. 그는 "백성이 다윗에게는 '수만 명'의 공을 돌리면서, 내게는 '수천 명'의 공만 돌리니, 자칫하다가는 그에게 이 나라를 빼앗기겠구나!"하고 말했다. 그 때부터 사울은 다윗을 경계했다(삼상 18:6-9, 메시지 성경).

실제로 다윗이나 사울이 수천 명, 수만 명을 죽이지는 않았다. 하지만 사울은 사람들의 비교에 기분이 상했다. 마치 여인들의 노래가 사울의 눈을 뜨게 한 것 같았다. 그리고 사울은 자기 입으로 스스로의 멸망을 예언했다. 여인들은 장난으로 노래를 불렀을 뿐인데 그 노래는 사울의 신경을 건드렸다. 그보다 몇 년 전에 사무엘 선지자는 사울이 불순종함으로 인해 왕국을 빼앗길 것이라고 예언했었다. 사무엘은 하나님이 왕국을 사울에게서 떼어 더 나은 이웃에게 줄 것이라고 선포했었다(삼상 15:28). 여인들의 노래는 사울의 영혼을 갈가리 찢어 놨다. 다윗이 왕좌를 차지할지 모른다는 불길한 예감이 몰려왔다. 사울은 순순히 물러날 생각이 없었다. 불안감에 사로잡힌 상황에서 자신이 남보다 못하다고 비교하는 소리를 들으면 누구라도 경쟁자로 보이기 마련이다. 사울에게 보배였던 다윗은 이제 가장 위협적인 경쟁자가 되었다. 모든 것이 하룻밤 새에 바뀌었다.

> 그 이튿날 하나님께서 부리시는 악령이 사울에게 힘 있게 내리매 그가 집 안에서 정신 없이 떠들어대므로 다윗이 평일과 같이 손으로 수금을 타는데(삼상 18:10)

이 구절은 신학적인 주제와도 연관되어 있다. 마치 하나님이 뜻하신 목적을 이루기 위해서는 무엇이든 사용하실 수 있다는 생각이 들게 만든다. 질투에 사로잡힌 사울을 벼랑 끝으로 내몰기 위해 악령을 보내신 것처럼 보인다. 이날 다윗은 여느 때와 다름없이 수금을 타고 있었다. 하지만 사울은 다른 때와 달랐다. 그의 마음이 요동쳤다.

> 그 때에 사울의 손에 창이 있는지라 그가 스스로 이르기를 내가 다윗을 벽에 박으리라 하고 사울이 그 창을 던졌으나 다윗이 그의 앞에서 두 번 피하였더라(삼상 18:10-11)

사울은 무기를 들고 돌진하는데, 다윗은 악기를 들고 평화롭게 찬양하고 있다. 이보다 더 강렬한 대비가 있을까? 다윗은 어제까지만 해도 나란히 말을 타고 전장에서 서로 목숨을 지켜주던 상관을 피해 다녀야 했다. 다윗의 가장 좋은 점이 사울에게서 가장 나쁜 점을 끌어냈다. 사울의 불길한 예감은 두려움으로 발전했다.

> 사울은 다윗이 두려워졌다. 하나님께서 사울을 떠나 다윗과 함께 계시는 것이 너무나 분명했다. 그래서 사울은 다윗을 군지휘관으로 임명해 자기 눈에 띄지 않는 곳으로 보내 버렸다. 다윗은 자주 전쟁에 나갔다. 그가 하는 일마다 다 잘되었다. 참으로 하나님께서 그와 함께 계셨다. 다윗이 번번이 성공하는 것을 보고, 사울은 더욱 두려워졌다(삼상 18:12-15, 메시지 성경).

다윗이 군사적으로 거둔 성공은 사실상 왕인 사울의 승리였다. 그러므로 사울은 다윗의 승리를 기뻐해야 마땅했다. 하지만 왕은 다윗이 자신의 지도력 아래서 왕국을 지키는 것이라고 생각하지 않았다. 오히려 다윗이 승전보를 알릴 때마다 자신의 권위를 갉아먹는다고 여겼다. 사울에게 다윗은 더 이상 아들이 아니었다. 왕은 이제 다윗이 자기 눈에 띄지 않는 곳으로 사라지기를 바랐다. 그의 미움은 여기에서 그치지 않았다. 사울은 다윗이 아예 전사하기를 바라면서 가능한 한 자주 전쟁터에 내보냈다. 하지만 이런 계략은 오히려 다윗을 돋보이게 만들었다. 사울이 다윗을 사지로 몰아넣을 때마다 다윗은 높아졌다.

하나님께서 다윗과 함께 계신다는 것과 미갈이 그를 얼마나 사랑하는지 알면 알수록, 다윗을 향한 사울의 두려움은 더 커져 갔고 결국에는 증오로 굳어졌다. 사울은 다윗을 증오했다(삼상 18:28-29, 메시지 성경).

다윗에 대한 사울의 마음은 의혹에서 증오로 변했다. 더 이상 다윗은 같은 편이 아니었다. 사울의 총애는 끝났다. 다윗은 잘못을 저지르지 않았는데도 살기 위해 결국 도망쳤다. 왕궁을 떠난 다윗 앞에는 완전히 새로운 인생이 펼쳐졌다. 그는 어떤 지위도 없이 끊임없이 거절당하고 형편없는 대접을 받았으며 광야의 위험에 노출되어야 했다. 학자들은 이 기간을 약 8년 정도로 추정한다. 다윗이 하나님의 마음에 합한 왕으로 준비되기 위해 수업을 받은 곳은 왕궁이 아니라 척박하고 험난한 광야였다. 다윗은 굶주린 늑대의 끈질긴 추격을 피해 동굴을 전전했다. 제사장과 그 일가가 자신들도 모르게 다윗을 도왔다는 이유로 몰살당했다는 소식을 들었을 때는 절망적이었다. 다윗은 사울의 경쟁의식 때문에 여러 해 동안 고난을 겪으면서 중요한 한 가지를 깨달았다. 그것은 자신이 어디에 있든 하나님께 순종하는 것이었다. 다윗은 인생에서 두 번째 골리앗을 만나 상대하고 있었다.

어쩌면 다윗에게는 아버지와의 문제가 있었을지도 모른다. 다윗은 광야에서 사울을 마주칠 때마다 울부짖으며 '아버지'라고 불렀다. 사무엘상 24장 11절에서 괴로워하는 다윗의 모습을 엿볼 수 있다.

내 아버지여 보소서 내 손에 있는 왕의 옷자락을 보소서 내가 왕을 죽이지 아니하고 겉옷 자락만 베었은즉 내 손에 악이나 죄과가 없는 줄을 오늘 아실지니이다 왕은 내 생명을 찾아 해하려 하시나 나는 왕에게 범죄한 일이 없나이다

다윗과 아버지 이새 사이에 적대감이 있었을 것이라는 뜻은 아니다. 하지만 무려 여덟 번째 아들이었으니 큰 관심은 받지 못했을 것이다. 다윗은 일곱 형의 그늘에 가려져 있었다. 그도 형들처럼 아버지의 지지와 인정을 바라는 한 아들이었다. 하지만 이새는 사무엘 선지자가 기름을 부으러 찾아 왔을 때 다윗을 부르지 않았다.

이새가 그의 아들 일곱을 다 사무엘 앞으로 지나가게 하나 사무엘이 이새에게 이르되 여호와께서 이들을 택하지 아니하셨느니라 하고 또 사무엘이 이새에게 이르되 네 아들들이 다 여기 있느냐 이새가 이르되 아직 막내가 남았는데 그는 양을 지키나이다 사무엘이 이새에게 이르되 사람을 보내어 그를 데려오라 그가 여기 오기까지는 우리가 식사 자리에 앉지 아니하겠노라(삼상 16:10-11)

사무엘은 왜 아들들이 다 모였는지 물었을까? 이새는 사무엘이 집에 도착한 후에야 다윗을 부르러 사람을 보냈다. 막내 다윗은 기름부음을 받을 가능성이 없다고 판단했던 것이 분명하다. 만약 사무엘 선지자가 우리 집에 온다면 나는 무슨 수를 써서라도 온 식구가 참석하도록 만들 것이다. 다시 말해 다윗은 아버지의 관심을 끌기 위해 일곱 형들과 겨뤄

야 했다. 성경에 기록된 다윗과 형들의 대화를 살펴보면 형제간의 따뜻한 우애가 보이지 않는다. 오히려 큰 형 엘리압은 다윗을 비난하고 건방지고 완악하다고 말했다삼상 17:28.

다윗이 쓴 시편을 읽을 때면 절절한 마음을 듣고 있다는 느낌이 들곤 한다. 오랫동안 사무친 외로움과 기진맥진한 감정이 시구마다 녹아들어 있다. 다윗은 자신이 결백하다는 사실을 몇 번이나 입증했지만 사울과의 갈등은 깊어질 뿐이었다. 그러다 어느 순간 다윗은 자신의 결백을 절대 인정받을 수 없다는 것을 깨달았다. 사울은 절대 다윗을 용서하지 않을 것이다. 사울에게 쫓기는 동안 다윗은 하나님 안에서 도망치고 숨는 법을 터득했다. 많은 사람들이 기름부음 받기를 원하면서도 기름부음의 목적이 원수들의 목전에서 찬양하는 데 있다는 부분은 간과한다. 다윗은 훗날 압살롬을 피해 도망 다니면서 이렇게 부르짖었다.

여호와여 나의 대적이 어찌 그리 많은지요

일어나 나를 치는 자가 많으니이다

많은 사람이 나를 대적하여 말하기를

그는 하나님께 구원을 받지 못한다 하나이다(셀라)

여호와여 주는 나의 방패시요

나의 영광이시요 나의 머리를 드시는 자이시니이다

내가 나의 목소리로 여호와께 부르짖으니

그의 성산에서 응답하시는도다(셀라)

내가 누워 자고

깨었으니 여호와께서 나를 붙드심이로다

천만인이 나를 에워싸 진 친다 하여도

나는 두려워하지 아니하리이다 (시 3:1-6)

하나님은 왜 다윗에게 경쟁자들을 계속 허락하셨을까? 한번 생각해 볼만한 질문이다. 하나님이라면 다윗의 원수를 사막의 모래폭풍에 묻어 버릴 수도 있지 않은가? 다윗은 사무엘 선지자에게 자신을 왕으로 기름 부어 달라고 구하지 않았다. 그는 그저 하나님을 위해 용기를 냈을 뿐이고, 아들로서 아버지가 맡긴 일을 했을 뿐이었다. 그는 신뢰할 만한 장수로서 주군을 섬겼으며, 요나단에게는 더 없이 진실한 친구였다. 행위 면에서 다윗은 떳떳했다. 그런데도 그를 대적하는 이들이 많았던 건 왜일까? 그 이유는 다윗의 시편이 다윗의 고백이면서 동시에 예언이기 때문이다. 다윗이 당한 고난은 또 다른 고난을 예표 한다. 나중에 예수님이 어떤 일을 당하실지를 미리 알려주는 것이다. 우리는 삶 가운데 경쟁자가 생길 때 왜 이상하게 여기는가? 베드로전서 4장 12~13절은 우리에게 이렇게 말한다.

사랑하는 자들아 너희를 연단하려고 오는 불 시험을 이상한 일 당하는 것 같이 이상히 여기지 말고 오히려 너희가 그리스도의 고난에 참여하는 것으로 즐거워하라 이는 그의 영광을 나타내실 때에 너희로 즐거워하고 기뻐하게 하려 함이라 우리를 압박하는 사건이 계속 일어나면 우리 내면에 변화가 일어난다. 그런 면에서 경쟁자들은 우리를 하나님이 예비하신 길로 인도한다. 이 과정에서 우리 삶 가운데 하나님의 영광은 커지고 우리 자신은 작아진다. 이처럼 경쟁자가 주는 선물은 우리를 단련시키며 훈련시키는 것이다. 인간이라면 누구나 고난을 피하고 싶어 한다. 하지만 우리는 고통당할 때 예수님이 느끼셨던 고통을 함께 느낄 수 있다. 뿐만 아니라 그분이 예비하신 길에서 그 영광에 참여할 수 있게 된다.

경쟁자는 마음을 지키게 해 준다

돌처럼 굳은 마음이 깨져야 비로소 그 속에 있는 부드러운 마음이 드러난다. 자신이 어리석은 경쟁에 휘말렸다는 사실을 깨닫고 나면 괴로운 마음이 들 것이다. 그리고 문제의 원인을 묻는 질문 세례가 이어질 것이다. 내가 무슨 잘못을 했지? 하나님은 어디에 계시지? 내게 왜 이런 일이 일어난 거지? 많은 경우 대답 대신 침묵이 있을 뿐이다. 그러면 대체 하나님이 내 말에 귀를 기울이고 계신건지 의문이 들기 시작할 것이다. 이 시기는 연극에 비유하면 중간 휴식 시간이라 할 수 있는데, 나는 이때 하나님이 침묵하신다는 것을 알아챘다. 이때 등장인물들은 장면의 전환을 앞두고 준비를 하고 있다. 조금만 더 인내하면 기다리던 그 날이 멀지 않았다. 지금 자신의 모습을 근거로 판단하지 말고, 이제껏 도우셨던 하나님의 손길을 떠올려 보라. 장면 전환을 준비하는 시기에 하나님의 말씀을 믿을 것인가? 아니면 비판자들의 말에 귀를 기울일 것인가?

우리 안에 선한 일을 시작하신 하나님께서 신실하게 그 일을 끝맺으실 것이다.

> 친구여, 내 말을 잘 듣고 내 목소리에 귀를 기울여라. 내 메시지를 항상 잘 보이는 곳에 두고 거기에 집중하여라! 힘써 외워라! 이 말을 깨닫는 사람은 참으로 제대로 살고 몸과 영혼이 건강해질 것이다. 두 눈을 부릅뜨고 네 마음을 지켜라. 마음은 생명의 근원이다(잠 4:20-23, 메시지 성경)

원수가 하는 일을 보지도 말고, 원수의 말을 듣지도 말자. 당신이 처한 상황과 그들의 상황을 비교할 필요도 없다. 대신 마음을 지키고 영혼 깊은 곳에서 들리는 약속을 붙잡아라. 잡음을 멀리하고 하나님의 목소리에 온전히 집중하라. 하나님이 당신에게 말씀하시기를 원치 않으셨다면 집중하라고 말씀하시지도 않으셨을 것이다. 그분의 목소리에 귀 기울일 때 당신의 마음을 지킬 수 있다.

우리의 삶에는 잡음이 너무 많다. 다른 사람과 경쟁하지 않는 믿음은 무사안일하게 얻을 수 없다. 오락거리로 가득 찬 세상에 마음을 뺏기지 않으려면 정신을 똑바로 차려야 한다. 의식적으로 노력하지 않으면 수많은 흥밋거리에 마음이 나뉘고 만다. 우리가 궁극적으로 집중할 대상은 예수 그리스도다. 우리가 경쟁자가 아닌 하나님의 말씀에 집중하면 경쟁자들이 미처 손쓸 수 없는 삶의 영역으로 들어간다. 우리는 말씀이라는 씨앗뿐 아니라 우리의 마음 밭도 부지런히 살펴야 한다.

마음이 단단해지지 않고 계속 부드러운 상태를 유지하게 해야 한다. 영혼의 빛을 사그라지게 하는 복수를 계획하면서 마음을 어둡게 하지 마라. 복수에 정신을 쏟지 말고 하늘을 향해 얼굴을 들고 다윗이 그랬듯 당신의 영혼을 온전히 하나님께 맡기는 연습을 하라. 다윗은 시편 51장 8~12절에서 이렇게 노래했다.

> 내게 즐겁고 기쁜 소리를 들려주시사
> 주께서 꺾으신 뼈들도 즐거워하게 하소서
> 주의 얼굴을 내 죄에서 돌이키시고
> 내 모든 죄악을 지워 주소서
> 하나님이여 내 속에 정한 마음을 창조하시고
> 내 안에 정직한 영을 새롭게 하소서
> 나를 주 앞에서 쫓아내지 마시며
> 주의 성령을 내게서 거두지 마소서
> 주의 구원의 즐거움을 내게 회복시켜 주시고
> 자원하는 심령을 주사 나를 붙드소서

완악하고 복수에 사로잡힌 마음은 점점 무뎌지고 뼈를 상하게 한다. 남을 정죄하는 사람은 자기 죄의 무게도 짊어지고 살아야 한다. 그러나 하나님은 우리 마음의 더러움을 깨끗하게 하시고, 그릇된 마음을 바로잡아 다시 주님 앞에 서게 하신다.

다시 한 번 경고하지만 마음을 완악하게 하면 애통하는 능력이 사라지고 잔인함과 무관심만 남는다. 마음이 공허하고 황량하다면 찬송을 불러라. 마음의 고통이 너무나 컸던 사울은 스스로 찬양하지 못하고 다윗에게 찬양을 부르게 했다. 하지만 정말 중요한 변화는 찬양이 자기 속에서 우러나올 때에만 가능하다. 찬양을 부를 때 마음의 빗장이 풀리고 창조주와의 관계가 회복된다. 사울 왕은 말을 성급하게 내뱉고 마음이 요동치면 곧바로 행동으로 드러났다. 반면 다윗은 마음을 다스리는 법을 알았다. 우리도 다윗처럼 마음을 다스리는 법을 배울 수 있다.

나는 발을 땅에 디디고 마음을 고요히 다잡으며 살았습니다. 엄마 품에 안긴 아기가 만족하듯 내 영혼 만족합니다(시 131:2, 메시지 성경)

황당하지만 같이 나누고픈 이야기가 있다. 수십 년 전 우리 교회에서 예배 중에 시편 3장을 같이 찬양했었는데 당시 나는 정말 어린아이처럼 엉엉 울었었다. 지금 생각하면 작고 사소한 일이었는데 당시 내게는 무척 심각하게 느껴졌다. 작은 문제가 내 영혼 깊은 곳까지 뚫고 들어와 마음을 온통 휘저어 놨던 것이다. 그럼에도 많은 사람들이 도움의 손길을 내밀어줬다. 당신이 지금 느끼는 고통이 하찮게 보일지라도 직접 겪을 때는 크게 느껴지는 법이다. 하지만 최악의 상황조차 최선으로 바꾸시는 하나님의 역사를 직접 체험하면 우리도 요셉의 고백하게 될 것이다.

> 당신들은 나를 해하려 하였으나 하나님은 그것을 선으로 바꾸사 오늘과 같이 많은 백성의 생명을 구원하게 하시려 하셨나니 (창 50:20)

경쟁자에 대한 관점을 바꾸면, 하나님이 당신을 고통에서 건져 주신다. 극작가 에드먼드 버크Edmund Burke는 "우리와 싸우는 사람이 우리의 정신을 강하게 하고 기술을 발전시키게 한다. 대적하는 자들은 사실 우리를 돕는 자다"라는 명언을 남겼다.

나는 다른 사람에게 빗장을 거는 일은 곧 자기 미래의 문을 닫는 행위와 같다는 것을 깨달았다. 다른 사람을 가로막을 때 오히려 자신이 고립될 위험이 커진다. 열린 마음이란 빗장을 열고 두 팔을 활짝 벌려 다른 사람을 환영하는 것이다. 하나님이 예수님을 이 땅에 보내신 목적은 한 마리의 어린 양도 잃어버리지 않기 위해서였다. 그러므로 사람들과 경쟁하며 자기 자리라고 여기는 것을 지키기 위해 아등바등하기보다 마음을 지키기 위해 애를 써야 한다.

많은 사람들이 리더가 되고 싶어 하지만 리더의 자리는 양날의 검과 같다. 어떤 이들은 당신을 그냥 좋아해 주겠지만 반면 어떤 이들은 당신을 그냥 싫어할 것이기 때문이다. 모세는 파라오와 함께 자랐고, 다윗은 한때나마 사울에게 아들 같은 존재였다. 많은 경우 우리를 속속들이 알고 있는 사람이 경쟁자가 된다. 다윗이 경쟁자를 묘사한 성경 구절에서도 이를 알 수 있다.

나를 책망하는 자는 원수가 아니라 원수일진대 내가 참았으리라. 나를 대하여 자기를 높이는 자는 나를 미워하는 자가 아니라 미워하는 자일진대 내가 그를 피하여 숨었으리라. 그는 곧 너로다 나의 동료, 나의 친구요 나의 가까운 친우로다. 우리가 같이 재미있게 의논하며 무리와 함께 하여 하나님의 집 안에서 다녔도다(시 55:12-14)

요즘 말로 하자면 '프레너미'frenemy다. 어반 딕셔너리Urban dictionary는 프레너미를 '친구로 가장한 적'이라고 풀이한다. 즉 경쟁자다. 하지만 경쟁자가 우리를 궁극적으로 진실한 사람으로 만든다. 우리는 경쟁자를 허락하셔서 우리를 단련시키시고 변화를 일으키시는 하나님께 감사를 드릴 수도 있고, 그냥 징징거릴 수도 있다. 불평할 수도 있고, 기도와 찬양을 드릴 수도 있다. 선택은 우리 손에 달려 있다.

나눔 질문

1. 경쟁자를 통해 깨달음을 얻었던 적이 있다면 자세히 나눠 보자.

2. 경쟁자는 당신의 어떤 면을 드러냈는가?

3. 당신은 어느 분야에서 남다른 투지를 지녔는가?

4. 팬과 제자의 차이점 세 가지를 말해 보라.

5. 어떻게 해야 경쟁자를 향한 복수심을 내려놓을 수 있는가?

6. 마음을 부드럽게 지키는 방법은 무엇인가?

6장
경쟁하지 않는 성gender

6장
경쟁하지 않는
성 gender

> 자의로 선택할 수 없는 성별로 사람을 차별하는 불의는 받아들이면서 자의로 선택할 수 없는 피부색으로 사람을 차별하는 인종주의에 어찌 반대할 수 있으랴.
> - 투투 대주교(Archbishop Desmond Tutu)

몇 년 전까지만 해도 나는 너무나 정신없이 살고 있었다. 때로는 내 인생이 어디로 흘러가고 있는지 알 수 없을 정도였다. 그러던 중 요르단에 머물던 어느 가을에 내가 쓴 책 『암사자여 일어나라Lioness Arising』가 출간됐다. 연말이 다가오고 있었고, 추수감사절이 코앞이었는데 나는 하나님께 이런 기도를 드렸다.

"하늘에 계신 아버지, 『암사자여 일어나라』는 제 책이 나온 거 아시지요? 다섯 나라에서 번역돼서 출간됐는데, 이 책이 나온 것이 과연 하나님의 뜻에 합당한지 알고 싶어요. 이미 벌어진 일이지만 제게 확신을 주세요. 예수님의 이름으로 기도드립니다. 아멘." 황당하긴 하지만 나는 정말 이렇게 기도했다.

기도에 응답을 얻기까지 그리 오래 걸리지 않았다. 그날 밤 8시에 막내 아든Arden의 학교 숙제를 봐주느라 정신이 없는데 전화벨이 울렸다. 남편 존이었다. 한껏 흥분한 그의 목소리를 듣자 불안감이 몰려왔다. 존은 내가 꼭 이야기를 나눠봐야 할 사람을 만났다고 외쳤다. 남편은 뜬금없이 전화를 걸어서 내가 전혀 모르는 사람을 바꿔주곤 했다. 어쩌면 상대는 나와 통화할 생각이 없을 수도 있는데 존은 대화를 나누다 내 얘기가 나오면 곧바로 나에게 전화부터 걸곤 했다. 처음에는 이 문제로 많이 다투었지만 나중에는 그냥 받아들이게 되었다. 하지만 그날 밤은 나도 그냥 넘어갈 수 없었다.

"존, 지금 모르는 사람과 이야기할 시간이 없어요. 아든의 학교 숙제를 돕느라 엄청 바쁘거든요."

"괜찮아. 지금 당장 통화할 필요는 없으니까. 그분은 군 장교인데 내가 당신 전화번호를 줬어. 아마 오늘 밤에 집으로 전화가 갈 테니 잊지 말고 받으라고. 아, 나도 이만 끊어야겠어. 사랑해." 내가 항변할 새도 없이 존은 전화를 끊었다.

전화를 끊고 한 시간도 안 돼 전화벨이 울렸다.

"여보세요." 나는 자포자기해서 전화를 받았다.

"리사 비비어씨인가요? 남편 분이 오늘 모임에서 이번에 출간하신 『암사자여 일어나라』를 소개해 주셨어요."

전화를 건 장교가 말을 이었다. "그 책에 나온 대로 암사자는 최고의 사냥꾼입니다. 리사, 우리가 아프가니스탄 전쟁에서 이기지 못하고 있는 건 아시죠?"

나는 웅얼거리면서 어느 정도 안다는 표시를 했다. 콜로라도 스프링스미 공군사관학교의 소재지_역자 주에 살다 보니 복무를 마치고 돌아오는 군인들을 비행기 안에서 종종 마주치곤 했다.

"우리가 전쟁에서 이기지 못하는 이유는 병사들이 아프가니스탄 여성에게 말을 걸 수 없기 때문입니다. 현지의 여성들에게 말을 걸 수 없으면 문화를 바꿀 수 없고, 문화를 바꿀 수 없으면 전쟁에 이길 수 없지요."

나는 슬슬 장교의 말에 관심이 가기 시작했다.

"기지에서 우리가 어떤 임무를 수행하는지 설명 드리겠습니다. 저는 남성으로 구성된 특수부대 팀으로 작전을 해왔습니다. 그런데 이제 여군으로 특수부대 팀을 짜서 보낼 계획입니다. 여성으로 구성된 팀은 아프가니스탄 여성들을 만나서 그들도 발언할 권리가 있고 가치 있는 사람이라고 이야기할 겁니다. 민주주의가 여성들과 아이들에게 어떻게 도움이 되는지도 설명할 거고요. 현지 여성들의 진료와 출산도 도울 계획입니다. 혹시 여군으로 구성된 특수부대 팀의 이름이 뭔지 아십니까?"

모른다고 답하자 장교가 말을 이었다. "바로 암사자 팀입니다. 곧 현지에 파견될 예정인데 이들에게 나눠줄 책을 부탁드려도 될까요?" 물론 나는 기꺼이 책을 보내주었다. 여군들의 임무는 현지 여성들을 만나 희망을 심어주는 것이었다. 아프간의 여자들은 여성이라는 이유만으로 멸

시와 천대를 받고 있다. 그런 이들에게 생명을 나눠주는 일이야말로 정말 귀한 일이다. 남자 군인들은 아프간 여성들과 대화를 나누는 것이 금지돼 있지만 여군들은 할 수 있으니까 말이다. 그날 밤 통화를 하면서 나는 여성들이 개입하지 않으면 승리를 거둘 수 없는 전쟁이 많다는 사실을 깨달았다. 그렇다면 교회도 형제와 자매가 힘을 합쳐 전쟁에 임해야 하지 않을까?

양성 간의 경쟁은 모두에게 상처를 입히지만 주로 차별을 당하는 쪽은 여성이다. 나는 양성이 경쟁을 벌이면서 여성들이 어떻게 상처를 입는지 30년 넘게 지켜봤다.

그동안 많은 분야에서 의미 있는 진전이 있기는 했지만, 지금도 매주 결혼, 가정, 직장, 교회에서 고통당하는 여성들의 이야기를 접하곤 한다. SNS에서는 여성 혐오 발언들을 종종 발견할 수 있다. 안타깝게도 성에 대한 편견은 복음까지도 모호하게 만든다. 복음이 남성에게는 완전한 구원과 자유를 주는 반면 여성에게는 제한적으로만 허용하는 듯 보이기 때문이다.

종교 지도자들의 위협

성에 대한 편견을 살펴보기 위해 초대 교회가 탄생하고 성장하던 시대로 돌아가 보자. 당시에는 남녀 구분 없이 모든 성도가 성령으로 충만했다. 예수님의 부활 이후 복음이 말과 행동을 통해 전해졌다. 40년 동안 걷지 못하던 남자가 일어서는 기적이 일어나자 당황한 종교 지도자들이 베드로와 요한을 체포했다.

> 그들은 베드로와 요한을 다시 불러서, 어떠한 경우에도 예수의 이름으로 말하거나 가르치지 말라고 경고했다(행 4:18, 메시지 성경)

이 구절에서 베드로와 요한에게 엄중히 경고한 사람들은 종교 지도자들이다. 종교 지도자들은 걷지 못하던 남자의 다리가 온전해졌다는 명백한 사실을 부인할 수 없었기에 진퇴양난에 빠졌다. 곤경에 처한 종교 지도자들은 자기들끼리 의논을 했다.

> 기적이 일어났고, 그 배후에 저들이 있다는 것이 이미 온 시내에 알려졌습니다. 우리도 부인할 길이 없습니다. 더 이상 일이 커지지 않도록 저들을 위협해서 입을 막읍시다. 다시는 누구한테도 예수의 이름을 말하지 못하도록 말입니다
> (행 4:16-17, 메시지 성경)

물론 두 제자를 위협해도 효과가 없었다. 종교 지도자들의 전략은 오히려 역효과를 낳을 뿐이었고 제자들은 더욱 굳게 결의를 다졌다.

그러자 그들이 바로 되받았다. "하나님의 말씀보다 여러분의 말을 듣는 것이 하나님 보시기에 옳은 일인지 여러분이 판단하십시오. 우리의 입장은 분명합니다. 우리는 우리가 보고 들은 것을 말하지 않을 수 없습니다"(행 4:18-20, 메시지 성경)

종교 지도자들은 두 제자를 설득하려는 시도가 무익함을 깨달았다. 그들은 자신들이 아는 진리를 가르치고 설교하는 일을 계속했다. 제자들은 침묵 또한 불순종이라는 사실을 알고 있었다. 요즘에도 종교 지도자들의 위협이 존재한다. 종교 지도자들은 2,000년 이상 성전에서 여성들이 설교하고 가르치지 못하도록 제한하고 금지했다. 사도행전 4장 18절을 다시 살펴보자.

> 그들을 불러 경고하여 도무지 예수의 이름으로 말하지도 말고 가르치지도 말라 하니

이 구절을 묵상하는 중에 성령님의 속삭임이 들려왔다.
"내가 사역을 위해 많은 딸들을 성령으로 부르고 은사를 줬건만, 교회가 그 부르심을 부인하고 저지하고 있구나."

혹시 종교 지도자들이 "여성이 다른 여성을 가르쳐도 상관없지만 남성을 가르쳐서는 안 된다"라거나 "여성들끼리 나누는 것은 상관없지만 설교를 해서는 안 된다"라고 말하는 것을 들어봤는지 모르겠다. "교회만 아니라면 여성이 이끌어도 된다." 이런 교묘한 위협은 결과적으로는 복음을 제한시킨다. 담대하게 신앙을 전하는 여성들에게는 공격적이라는 꼬리표를 붙인다. 베드로와 요한이 받았던 것과 똑같은 질문을 우리도 받는다. 하나님께 순종하는 대신 인간의 말을 듣는 것이 과연 옳은 일일까? 하나님은 아들과 딸 모두에게 명령하지 않으셨는가? 예수님이 부활

직전에 하신 말씀에 답이 있다.

> 너희는 온 천하에 다니며 만민에게 복음을 전파하라 믿고 세례를 받는 사람은 구원을 얻을 것이요 믿지 않는 사람은 정죄를 받으리라 믿는 자들에게 이런 표적이 따르리니 곧 그들이 내 이름으로 귀신을 쫓아내며 새 방언을 말하며 뱀을 집어올리며 무슨 독을 마실지라도 해를 받지 아니하며 병든 사람에게 손을 얹은즉 나으리라 하시더라 주 예수께서 말씀을 마치신 후에 하늘로 올려지사 하나님 우편에 앉으시니라(막 16:15-19)

예수님은 이 명령을 예수님을 믿는 모든 사람에게 내리셨다. '가장 큰 명령'Great Commission은 어떤 조직에게 내린 명령이 아니라 믿는 남성과 여성, 모두에게 내려진 것이다. 그리스도 안에서 모든 사람이 복음을 전하도록 부르심을 받았고 자유를 얻었다. 하나님이 주신 자유와 진리를 깨달았다면 우리는 침묵해서는 안 된다.

왕께 순종하라

높고 거룩하신 왕, 하나님은 우리에게 그분의 말씀을 전하라는 사명과 권능을 주셨다. 그런데 왕의 신하들이 왕의 명령을 따르지 못하도록 막아선다면 우리는 그들의 말을 들어야할까? 우리는 마태복음 4장 10절의 말씀을 묵상해 보아야 한다.

주 너의 하나님께 경배하고 다만 그를 섬기라 하였느니라

왕의 신하에게 순종하는 일이 곧 왕에게는 불순종하는 일이라면, 우리는 왕께 이 문제를 가지고 나아가야 한다. 에스더서에는 이런 문제를 어떻게 다루면 좋을지 참고할 만한 일화가 실려 있다. 바사페르시아의 왕은 왕의 부름을 받지 않고 왕에게 나가면 누구든 죽인다는 명령을 내렸다. 왕이 에스더를 부르지 않으면 왕 앞으로 갈 수 없었지만, 에스더는 왕의 명령을 따르면 하나님께 불순종하게 된다는 것을 알고 있었다. 그녀는 사람의 기분을 상하게 하는 일보다 하나님을 두려워했기에 부름을 받지 않았는데도 담대하게 왕에게 나아갔다. 에스더는 수많은 유다인의 생명이 자기 손에 달려 있는 상황에서 침묵하지 않았다. 우리가 사는 이 시대도 에스더의 시대와 크게 다르지 않다는 생각이 든다.

수많은 주의 딸들이 은신처에 몸을 숨기고 있다. 바로 이 순간에도 많은 자매들이 소명을 감당할 때를 기다리고 있다. 그렇다고 해서 남편이나 교회 지도자들에게 반기를 들고 일어나라는 뜻은 아니다. 단순히 침묵시키는 것만으로는 만족하지 않는 원수가 존재함을 깨달아야 한다. 이 원수는 여성의 생명뿐만 아니라 우리 아이들의 생명까지 위협한다.

한번 허심탄회하게 말해보자. 만약 당신의 남편이 복음을 전하지 말라고 협박하면 그 말에 순종하겠는가? 나는 교회의 담임 목사로서 교단에 서거나 대중에게 말씀을 전하는 거창한 상황을 말하는 게 아니다. 당신이 진정 자유롭게 그리스도의 증인이 될 수 있는지를 묻고 있는 것이다.

어떤 여성들은 자랄 때 침묵이 곧 순종이라는 교육을 받았을 수도 있다. 아니면 하나님이 자신의 이름을 바꿔 주셨다는 사실을 아직 눈치 채지 못했을 수도 있다. 하나님은 당신에게 어떤 일을 하라고 말씀하시는가? 거룩한 순종은 하나님의 뜻에 따르면서도 남편을 높이는 일이다.

또 어떤 여성들은 과격하게 행동한다. 그들이 그렇게 행동하는 이유는 사람들이 여성에게 귀 기울이게 만드는 방법을 모르기 때문이다. 이러한 문제를 해결하려면 교육이 필요하다. 성장의 기회를 주지 않는데 어떻게 성장할 수 있겠는가?

'성난 여자'라는 꼬리표를 받아들일 것인가? 아니면 지혜롭게 말하는 하나님 아버지의 딸이 될 것인가? 우리는 물론 딸들에게 경건과 순종의 훈련을 시켜야 한다. 하지만 간혹 이런 가르침이 베드로전서 3장에서 아내들에게 온유하고 안정한 심령을 지니라고 하신 말씀을 지나치게 강조한 것은 아닌지 묻는 사람들이 있다. 물론이다. 예수님과 모세가 얼마나 온유한 삶을 살았는지 살펴보라.

> 이 사람 모세는 온유함이 지면의 모든 사람보다 더하더라(민 12:3)

> 나는 마음이 온유하고 겸손하니 나의 멍에를 메고 내게 배우라 그리하면 너희 마음이 쉼을 얻으리니(마 11:29)

예수님과 모세는 우리가 따라야 할 온유함의 모범을 보이셨다.

나는 존에게 내 친구들을 집으로 초대해도 되냐고 묻지 않는다. 존 역시 내게 골프를 치러 가도 되겠냐고 묻지 않는다. 같은 맥락에서 나는 존에게 마트에서 만난 사람에게 예수님을 전해도 될지 묻는다거나 가정교회에서 청년들에게 설교를 해도 될지 묻지 않는다. 우리 부부는 상대방이나 가족 전체에 영향을 미치는 일이라면 끊임없이 의견을 나누지만, 하루하루를 어떻게 살지 일일이 허락받지 않는다. 사소한 일마다 서로의 의견을 구한다면 둘 다 지쳐버리고 말 것이다. 무엇보다 존은 나를 신뢰하고 나도 그를 신뢰한다. 나는 존의 아내이지 자녀가 아니다. 우리 시대에도 많은 여성들이 두려움의 노예로 살고 있다. 그들에게는 '영광의 소망'이 필요하다. 예수님의 명령에 불순종한 데 대한 책임은 궁극적으로 자기 자신이 져야 한다. 다른 사람들이 우리를 실족하게 만들 수도 있지만마 18:16, 막 9:42, 눅 17:2, 결국 불순종을 선택하는 것은 자기 자신이다. 여성들은 이제 형제 베드로와 요한처럼 그리스도에게 온전히 순종해야 한다. 우리의 소명에 더 이상 침묵해서는 안 된다.

언어폭력

오늘날 여성들이 복음을 전파하겠다고 결심하더라도 베드로와 요한처럼 매를 맞거나 갇히지는 않는다. 그러나 사람들의 저항을 어느 정도 각오해야 한다. 즉 때로는 오해를 받기도 하고 심한 말을 듣거나 따돌림을 당할 수도 있다. 이 대목에서 존과 나는 의견이 엇갈렸다. 존은 자신이 방문했던 대부분의 교회가 여성들이 설교를 할 수 있도록 허용한다고 말했다. 그는 유명한 여성 목회자 세 사람을 예로 들면서, 그들은 미국을 넘어 해외에서도 사랑받고 있다고 말했다. 물론 그들은 성도들을 이끌고 가르치며 설교도 한다. 존의 말이 맞지만 현실과는 차이가 있다. 일 년에 한 번 여성을 교단에 세우는 교회조차 존 역시 열군데 이상 대지 못했다.

토론이 계속되자 존은 나도 여성이므로 여성의 지도력과 가르치는 능력을 부인하는 신학자들에게 내 말이 영향력이 없을 거라고 말했다. 그는 차라리 방향을 바꿔 여성들에게 당신들도 설교할 수 있다고 가르치는 게 어떠냐고 제안했다. 내가 어떤 주장을 하더라도 종교 지도자들에게는 먹히지 않을 테니 말이다.

존의 말이 옳다. 내가 설득해야 할 대상은 종교 지도자들이 아니다. 그래서 내가 지금 두렵고 떨리는 마음으로 확신이 없는 자매, 어머니, 딸을 향해 이 글을 쓰고 있는 것이다. 나는 존에게 자신이 교회에서 가르쳐도 되는지조차 확신하지 못하는 사람들에게 설교하라고 가르칠 수는 없는 노릇이라고 설명했다. 지금까지 율법은 여성들의 마음에 상처를 주는 데 악용됐다. 하나님의 신실한 딸들은 하나님 아버지의 뜻을 거스르고 싶어 하지 않는다. 그래서 하나님을 대변하는 권위자가 '당신은 열등한 존재'라고 이야기하면 평생 그 말을 믿게 된다. 나 자신도 그랬기 때문에 그 심정을 너무나 잘 알고 있다.

확신이 없을 때 우리는 자기 자신을 의심하고, 자신에게 주어진 권리를 사용하지 못한다. 나는 당신의 여린 마음에 박혀 있는 율법주의의 가

시를 빼주고 싶다. 성령님은 당신을 법, 의료, 기업, 정부 등 여러 영역에서 일하도록 부르실 수 있고, 주부로서 복음의 대사 역할을 하도록 부르실 수도 있다. 어떤 일이든 주님께 하듯 하면 된다. 세속적인 영역이 따로 있는 것이 아니라 모든 일이 주님 안에서 거룩하다. 그런데 오히려 교회 안에서 직분을 가지고 가르치고 설교하며 다른 사람을 인도하도록 부름을 받은 여성이 성령님의 부름을 외면한다.

지도력과 성별은 무관하다. 마거릿 대처Margaret Thatcher가 영국 역사상 가장 위대한 지도자 반열에 오른 것은 여성이어서가 아니다. 단지 그녀가 좋은 지도자가 될 수 있는 덕목을 갖추었기 때문이다. 겸손, 경험, 성실, 교육, 정직 등 지도자가 갖춰야할 자질을 갖추는 것이 성별보다 중요하다. 그리고 우리는 모두 그리스도를 떠나서는 자격이 없는 사람이다. 고린도후서 3장 4~6절은 이렇게 말한다.

> 우리가 그리스도로 말미암아 하나님을 향하여 이같은 확신이 있으니 우리가 무슨 일이든지 우리에게서 난 것 같이 스스로 만족할 것이 아니니 우리의 만족은 오직 하나님으로부터 나느니라 그가 또한 우리를 새 언약의 일꾼 되기에 만족하게 하셨으니 율법 조문으로 하지 아니하고 오직 영으로 함이니 율법 조문은 죽이는 것이요 영은 살리는 것이니라

그런데 꽤 저명한 한 지도자가 디모데전서 2장에 대해 "바울은 여성이 남성보다 남의 말을 잘 믿고 쉽게 속기 때문에 여성은 교회를 이끄

는 일에 적합하지 않다고 말하고 있다"[1]라고 해석했다. 함께 디모데전서를 살펴보겠지만 당신에게 먼저 물어보고 싶다. 방금 인용한 해석을 읽으면서 어떤 생각이 들었는가? 무시당했다는 생각이 드는가, 아니면 빠져나갈 구실을 얻었다는 생각에 안도감이 드는가? 어느 편이든 그러한 해석은 여성들을 공동체에서 소외시키는 것이다. 앞서 인용한 지도자의 해석을 좀 더 소개해 보겠다. "성난 많은 여성들이 오랫동안 그바울의 평가에 동의하지 않았다. 바울의 가르침을 신뢰하지 않고, 따르지 않는 여성의 모습은 그들의 어머니 하와를 무척 닮았다. 선의가 있기는 하지만 진리를 알지 못한다."

이 지도자는 우리가 디모데전서 2장에 나타난 여성상에 동의하지 않는 이유는 성질이 나쁘고 뭘 잘 모르기 때문이라고 말한다. 그는 많은 여성들이 경건하고 사려 깊으며 하나님께 순종하기 위해 노력하고 있다는 사실을 간과했다. 또한 디모데전서가 바울이 살던 시대에 쓰여 졌다는 것과 지금 이 시대와는 완전히 다른 그 시대의 문화를 고려하지 않았다. 게다가 거듭난 우리는 하나님을 닮은 하나님의 자녀다.

바울이 디모데전서를 쓴 것은 당시 디모데가 그리스 문화에서 교회를 개척하면서 부딪친 문제들을 해결하도록 돕기 위해서였다. 그 시절에 적용되던 가르침이 오늘날에도 유효할까? 문화면에서 보면 바울의 때와 지금 이 시대는 전혀 공통점이 없다. 이렇게 말해도 교회 지도자에게 의문을 제기하기를 원치 않는 성도들은 앞서 소개한 해석을 운명처럼 받아들일 지도 모른다. 하지만 좀 더 생각해 보자.

상대가 여성이든 남성이든 다른 사람을 이런 식으로 묘사하고 책망하는 것이 과연 복음과 성령님이 일하는 방식인가? 하나님 아버지가 우리 성별로 인한 특성을 타락의 특징이라며 낙인찍으실까? 솔직히 어느 정도 신앙생활을 한 사람이라면 교회 안에서 교사나 지도자가 여성 성도에게 그와 비슷한 말을 하는 것을 들은 적이 있을 것이다. 심지어 몇 년 동안 목회를 하던 여성 사역자가 우리 기관에 전화를 걸어서 자신의 사역에 대한 성경적 근거가 있는지를 물은 적도 있다.

나의 딸, 나의 자매, 나의 친구인 당신에게 한 가지를 확실하게 약속할 수 있다. 우리의 신랑이신 예수님은 여성을 폄하하는 말을 한 번도 하신 적이 없다. 그분은 여성인 내가 설교를 해서 자신의 명예가 더러워졌다고 말씀하신 적이 없다. 그분은 내가 맡겨주신 일을 감당할 때 끊임없이 격려해 주신다. 예수님은 믿는 우리 모두에게 '살려주는 영quickened spirit'을 주셨다. 우리가 속지 않고 분별력을 가지고 이해할 수 있도록 성령으로 충만하게 하시고 하나님의 말씀을 주셨다사 45:11, 겔 36:26, 고후 3:6, 엡 1:18.

우리는 성별에 관계없이 모두 그분의 신부다. 예수님은 그의 피로 우리 모두를 구원하셨다. 성경공부를 하러 정기적으로 우리 집에 찾아오는 여성들에게 앞서 언급한 디모데전서 2장의 해석을 읽어주면 충격을 받으면서도 쉽게 인정한다. 교회 지도자의 말에 일말의 진리가 담겨 있다고 생각하는 것이다. 그래서 디모데전서 2장을 달리 해석해 보려는 시도를 아예 접어버린다.

당신이 여성이라면 그리스도가 핏값으로 사신 자유를 제한당하는 상황에 만족하겠는가? 에베소서 2장 10절은 "우리는 그가 만드신 바라 그리스도 예수 안에서 선한 일을 위하여 지으심을 받은 자니 이 일은 하나님이 전에 예비하사 우리로 그 가운데서 행하게 하려 하심이니라"라고 말한다. 당신이 거짓말에 속아서 하나님이 예비하신 것을 쉽게 포기하지 않기를 바란다.

그렇다면 바울의 명령을 성경적 관점으로 다시 살펴보겠다. 고린도전서 14장 34~35절을 보라.

아내들은 귀 기울여 들어야 할 시간에 이야기하거나, 집에서 남편에게 물어봐도 될 질문을 던지면서 예배를 혼란스럽게 해서는 안됩니다. 예배 시간에 지켜야 할 예절과 관습은 하나님의 율법이 적혀 있는 성경책이 지도해 줄 것입니다. 아내들은 예배 시간을 이용해 자기가 하고 싶은 말을 하려고 해서는 안됩니다

(메시지 성경)

디모데전서 2장 11~15절 말씀도 보자.

나는 여자가 나서서 남자에게 이래라저래라 하지 않기를 바랍니다. 여자들은 다른 모든 사람들과 더불어 조용히 지내면서 순종하는 법을 배우십시오. 아담이 먼저 지음받았고, 그 다음에 하와가 지음받았습니다. 여자가 먼저 속아 넘어갔고 – 죄의 개척자가 되었고! - 아담이 그 뒤를 따랐습니다. 반면에, 여자가 아

이를 낳음으로 구원을 가져오게 되었고, 그 삶이 바뀌었습니다. 그러나 이 구원은 믿음과 사랑과 거룩함을 지키는 사람들, 이 모든 것을 바탕으로 성숙에 이르는 사람들에게만 옵니다. 그대는 이 말을 믿으십시오.(메시지 성경)

그리스인 성도들의 모임에서 여성들은 이교도일 때 맡았던 종교적 임무에서 벗어났다. 당시 여성들은 아르테미스 신전에서 신탁의 역할을 했었다. 바울은 디모데에게 교회에서 지켜야 할 규율에 대해 가르치면서 율법이나 예수님의 말씀을 인용하지 않았다. 그는 단지 그리스 문화에서 새 신자들이 점잖게 모이는 방법에 대해 제안하고 있는 것이다. 당시 그리스 문화에서는 영적 문제에 관한 한 여성이 권위자의 위치에 있었다.[2] 이번에는 디모데전서 2장 11~12절을 개역개정으로 읽어 보자.

> 여자는 일체 순종함으로 조용히 배울 여자가 가르치는 것과 남자를 주관하는 것을 허락하지 아니하노니 오직 조용할 지니라 이는 아담이 먼저 지음을 받고 하와가 그 후며 아담이 속은 것이 아니고 여자가 속아 죄에 빠졌음이라 그러나 여자들이 만일 정숙함으로써 믿음과 사랑과 거룩함에 거하면 그의 해산함으로 구원을 얻으리라

바울의 가르침을 오늘날에는 어떻게 적용할 수 있을까? 나는 이 질문에 대한 답을 찾기 위해 길버트 빌지키언Gilbert Bilezikian 박사를 찾아갔다. 그는 지역 교회의 지도자이자 여성 목회에 관해 연구하는 신학자

이며, 휘턴 칼리지의 교수이자 윌로우 크리크의 장로다. 빌지키언 박사는 여성 리더십에 관해 18개월간 연구를 진행한 적이 있는데, 그의 저서 『성 역할을 넘어Beyond Sex Roles』에 보고된 연구 결과 가운데 이런 내용이 있다.[3]

요약하자면, 타락 이전의 남자와 여자는 하나님의 형상을 닮은 자들이었으며 그분이 창조하신 세상을 돌보도록 함께 부름 받은 자들이었다. 남자와 여자는 하나님의 방식대로 하나님께 영광 돌리는 사역을 함께 감당할 책임이 있었다. 그런데 비극적인 사건으로 이런 협력 관계는 크게 훼손됐다. 구원을 통한 하나님의 자비로운 계획은 남녀 관계를 비롯해 죄로 말미암아 깨어진 모든 것을 처음 창조된 모습대로 회복하는 것이었다. 비록 신실하고 똑똑한 그리스도인들조차 우리가 내린 결론에 동의하지 않지만, 여러 문제에 있어 우리가 하나님의 완벽한 지혜로부터 얼마나 멀어졌는지를 깨닫게 되는 날이 올 것이다. 그때까지 겸허하지만 굳건하게 나의 입장을 고수하겠다. 그리고 성경이 요구한 대로 믿는 행위, 즉 여성들이 신령한 은사를 모두 경험하도록 권하는 데 수반되는 위험을 기꺼이 지겠다.

만약 어떤 여성이 설교와 가르치는 일과 지도력을 발휘하는 일에 부름을 받았다면 마땅히 그 일을 해낼 수 있도록 훈련의 기회를 주어야 하고, 그 일을 할 수 있도록 지지해 주어야 한다.

하와에 대한 랍비의 통찰력

얼마 전 탁월한 메시아닉 랍비인 브라이언 빌레치와 오랫동안 대화할 기회가 있었다. 나는 하나님의 많은 딸들이 자신의 정체성을 모르고 있다고 언급했다. 나는 평생 히브리 학자로 살아온 그의 생각이 궁금했다. 더불어 그리스도의 신부인 교회의 의미까지 설명해 달라고 부탁했다. 나는 여기서 그가 나눠준 소중한 통찰력 가운데 일부를 나누고 싶다.

하나님은 아담을 더 사랑하고 하와를 덜 사랑하지 않으셨다. 처음부터 하와는 늘 아담과 함께했다. 그녀를 필요로 했고 그녀에게 이름을 지어준 건 아담이지만, 하와를 창조한 건 하나님이셨다. 하나님은 하와에게 여성적인 관점과 표현력을 주셨다. 이는 남성이 여성과 함께할 때 더 완전해지는 이유다창 2:18. 하와의 창조는 아담의 '좋지 않은' 상태를 '심히 좋은' 상태로 바꾸었다.

우리는 아담이 깊은 잠에 빠졌을 때 그의 갈빗대를 취해 하와가 창조되었다는 사실을 잘 알고 있다창 2:21. 그리고 남성과 여성은 불완전한 반쪽이 아니라 각각 완전한 하나였지만 연합하여 또 다른 하나가 되었다. 여성과 남성에 대한 하나님의 창조 목적은 동일했으며 타락 이전에 둘 사이에는 역할 분담이 없었다.

그러던 어느 날, 하와는 속아 넘어갔고 아담은 하나님의 뜻을 거역했다. 하지만 아담이 하나님께 반항했기 때문에 모든 남성이 반역적 성향을 갖게 되었다고 말할 수 없듯이 하와의 선택 때문에 모든 여성이 태생적으로 잘 속는 경향이 있다고도 말할 수 없다. 그러나 우리는 아담의 죄가 하와의 죄보다 덜 악하다는 식으로 포장된 진리를 너무나도 자주 접한다. 심지어 어떤 사람들은 아담의 행위를 단순히 '게으른 죄'라고 말한다. 이런 시도에 대해 랍비 빌레치는 의견을 달리했다. 그는 성경을 통해 이를 확인시켜 주었다.

> 한 사람이 순종하지 아니함으로 많은 사람이 죄인 된 것 같이 한 사람이 순종하심으로 많은 사람이 의인이 되리라(롬 5:19)

아담은 명백히 '고의적인 불복종'을 저질렀다. 일부 학자들은 '패역적인 도전'이라고도 묘사한다. 결국 그들은 하나님이 되고 싶었던 것이다. 집에서 아이가 부모의 말을 듣지 않거나 군대에서 명령을 고의로 거스르면 불복종이라 하지 게으름이라고 하지 않는다. 이제 하나님이 아담의 죄를 설명하신 부분을 읽어 보자.

> 아담에게 이르시되 네가 네 아내의 말을 듣고 내가 네게 먹지 말라 한 나무의 열매를 먹었은즉 땅은 너로 말미암아 저주를 받고 너는 네 평생에 수고하여야 그 소산을 먹으리라(창 3:17)

어떤 이유에서든 사람들은 에덴동산에서 일어난 일에서 아담의 역할을 대단치 않게 여기는 경향이 있다. 또 교회에서 여성의 목소리를 잠잠하게 만들어야 한다는 근거를 에덴동산의 타락 사건에서 찾는다. 이런 식의 접근에는 오류가 많다. 만약 선악과를 먹기 전에 아담이 끼어들어 진실을 말했다면 분명히 결과가 달라졌을 것이다. 아담은 하와가 아니라 뱀에게 목소리를 높여 뱀을 잠재웠어야 했다. 지금 이 시대에도 남성들이 목소리를 높여 잠재울 대상은 이 세상의 원수이지 하나님의 형상을 따라 창조된 여성이 아니다.

남성과 여성은 교회 안에서 2,000년 넘게 나란히 앉아 예배를 드렸다. 이제는 각자의 정체성을 깨닫고 창조된 모습대로 각자의 역할을 해야 할 때다. 즉 남성은 남성으로서 리더십을 발휘하고, 여성은 여성으로서 리더십을 발휘해야 할 때다. 마지막으로 사탄을 향한 예수님의 말씀을 묵상해 보자.

> 이에 예수께서 말씀하시되 사탄아 물러가라 기록되었으되 주 너의 하나님께서 경배하고 다만 그를 섬기라 하였느니라(마 4:10)

남성과 여성이 진창에서 허우적대며 싸울 것이 아니라 함께 이 땅에 하나님의 말씀이 선포해야 한다. 하나님을 섬기고, 함께 예수 그리스도를 닮아가야 한다.

사탄의 거짓말

사탄은 분열을 조장한다. 우리는 사탄의 함정에 빠져서는 안 된다. 분열된 세상 속에서 오히려 교회는 인종, 세대, 성별의 차이를 넘어 연합하는 모습을 보여주어야 한다. 또한 이러한 연합은 하나님이 주신 정체성을 회복할 때 비로소 가능하다. 한때 많은 여성들이 여러 이유로 남성으로 태어나지 않고 여성으로 태어난 것을 불만스럽게 생각했다. 이제는 여성들이 그러한 상처에서 치유되어 여성으로서의 자유함을 누려야 한다. 이사야 선지자가 전한 하나님의 말씀을 들어 보자.

> 너희의 패역함이 심하도다 토기장이를 어찌 진흙 같이 여기겠느냐 지음을 받은 물건이 어찌 자기를 지은 이에게 대하여 이르기를 그가 나를 짓지 아니하였다 하겠으며 빚음을 받은 물건이 자기를 빚은 이에게 대하여 이르기를 그가 총명이 없다 하겠느냐(사 29:16)

자기 자신에게 질문해 보자. 하나님을 신뢰하는가? 하나님이 선하고 지혜로운 분이심을 믿는가? 어머니의 자궁에서 당신을 딸로 만드신 것이 하나님의 실수가 아님을 믿는가? 당신이 딸로 태어난 것이 하나님의 완벽한 계획임을 아는가?

나는 의외로 많은 여성이 자신이 여성인 것에 대해 하나님께 불만이다. 그것은 사실 상처다. 하나님은 그런 상처를 어루만져 주신다. 나도 어릴 적에 내가 여자라는 사실에 분개했었다. 엄마와의 불안정한 관계 때문이었는지, 살면서 경험하게 된 사건들 때문이었는지, 아니면 여자들과의 관계 때문이었는지 이유는 정확히 모르겠지만 나는 남성보다 연약해 보이는 여성성에 대해 혐오했다. 어린 시절 나는 말괄량이였는데 여자 친구보다 남자 친구가 더 많았다. 그런데 사춘기가 되자 여자 친구들이 자기들끼리의 언어를 쓰면서 우아하고 여성스럽게 걷기 시작했다. 나는 그들을 흉내조차 낼 수 없었다. 그래서인지 고등학교 시절 나는 여성성이 부족한 내 몸을 가려주는 통 큰 청바지와 점프 수트를 즐겨 입으며 상처 난 내 정체성을 숨겼다. 존과 약혼할 때 나는 그에게 사실 나는 여자의 몸에 남자의 뇌를 가지고 있는 사람이라고 조심스럽게 털어놓기도 했다. 물론 하나님은 나를 치유의 길로 인도하셔서 지금은 아들을 넷이나 키우는 엄마로서 여성성을 자랑스럽게 발휘하고 있다. 때로 종교는 여성에게 수치스러운 옷을 덧입혔지만, 하나님은 그것을 아름다운 옷으로 바꾸어 주신다. 하나님은 내 영혼 깊은 곳까지 만지셔서 엄마가 무의식적으로 심어준 여성성에 대한 두려움과 피해의식을 용기와 힘으로 바꿔 주셨다. 나는 여성인 내 몸을 사랑하고, 여성으로서 할 수 있는 일을 사랑하는 법을 배웠다. 그리고 나의 변화를 나누면서 다른 사람들도 똑같은 하나님의 치유를 경험했다.

요즘 문화에서는 여성성과 씨름하고 있는 사람에게 성 전환을 추천할지도 모르겠다. 성 전환은 하나님의 치유를 피하는 행위다. 나와 같은 하나님의 치유를 경험하기 위해서 다음의 것들을 기억해야 한다.

1. 기도를 드린다.

성령님께 온전한 마음을 주시고 조금이라도 잘못된 생각을 하고 있거나 불순종하는 영역은 없는지, 있다면 어디인지 알려달라고 간구한다.

성 편견과 성냄은 우리 서로에 대한 인식에 영향을 주고 관계를 악화시킨다. 우리는 분열이 아닌 화목하게 하는 직분을 구해야 한다.

2. 하나님의 뜻에 순종한다.

혹시 성경에서 보고 배운 말씀이나 기도를 통해 들은 음성에 순종하지 않고 인간이 만든 규칙 뒤에 숨거나 주저하고 있는가? 인간적 두려움 또는 여성으로서의 두려움 때문에 하나님의 뜻에서 멀어진 상태일 수도 있다. 당신의 인생과 지금 이 순간에 예수님의 '가장 큰 명령'이 어떻게 드러나야 할지 하나님께 물어보라. 그리고 장래에는 어떤 다른 모습으로 드러날지 여쭈라.

3. 원수를 바로 안다.

우리는 혈과 육의 싸움을 하는 것이 아니다. 만약 두 마음을 품으면 이중 스파이처럼 행동하게 된다. 야고보는 우리가 하나님께 복종하면 마귀를 대적하고 그 마귀가 피한다고 말했다.

4. 자신의 삶과 대화를 살핀다.

혹시 성 편견을 확산시킬 수 있는 말과 행동을 하고 있지는 않은가? 성령님께서 당신이 어떤 분야에서 현실과 타협했는지 드러내신다면 바로 그 부분에 성 편견이나 성냄이 존재할 가능성이 높다.

5. 입장을 정하라.

어느 편에도 서지 않으면 전체에 맞서는 위험을 지게 된다. 여성과 남성이 협력하는 데 반대하는 사람들은 하나님이 처음에 내리신 명령에서 자기도 모르게 멀어져간다.

6. 그리스도의 몸의 연합을 위해 싸우라.

남성과 여성은 경쟁자가 아니라 형제, 자매이자 수호자요, 친밀한 협력자의 관계다. 우리는 형제, 자매간의 교제와 상호 존중, 애정으로 동행하며 서로의 재능을 장려하도록 지음 받은 존재다. 만약 여성이 침묵을 지켜야 하는 존재였다면 하나님은 목소리를 주지 않으셨을 것이다. 하나님은 아담에게나 이 세상에 여성의 목소리와 영향력이 필요하다는 것을 아셨다.

상호 보완하는 관계 vs 상호 의존적인 관계

현실적으로 교회 안에 여성의 자유를 가로막는 교리는 여전히 존재한다. 보다 정확히 말하면 대다수의 여성이 그리스도의 명령이 아닌 교회가 정해준 한계 안에서만 자유를 누린다. 에덴동산에서 쫓겨난 후 여성과 남성은 상대방을 탓하며 손가락질했다. 이 같은 비난은 하나님의 아들과 딸의 형상에 어둠을 드리운다. 여성과 남성은 각자의 아름다움을 표현하도록 창조되었다. 그런데 안타깝게도 우리는 서로의 모습에서 하나님의 형상을 보지 못한다. 하나님은 우리가 서로의 다름을 비하하거나 경멸하는 것을 원치 않으신다.

벌거벗었던 우리는 그리스도 안에서 의의 옷을 입었다. 그리스도 안에서 남성과 여성은 서로의 원수가 아니라 협력자임을 기억해야 한다. 바울은 고린도전서 11장 10~12절에서 남성과 여성이 서로에게 어떤 존재가 되어야 하며, 또 어떤 존재가 될 수 있는지를 가르쳐 주고 있다. 우선 메시지 성경으로 읽어 보자.

> 그러나 여기서 남자와 여자의 차이를 너무 확대해서 해석하지는 마십시오. 남자나 여자나 누구든지 혼자 힘으로 살 수 없고, 누가 먼저라고 할 수도 없습니다.

그리스도 안에서 남성과 여성은 상호의존적이다. 우리의 궁극적 근원은 하나님이시다. 위의 성경 구절에서 보듯이 남성과 여성이 서로 다른 이유는 서로를 보완하기 위해서다. 서로 의존하고 포용할 때 누가 우위인지를 다툴 필요가 없다. 메시지 성경은 이어서 남성과 여성의 관계에 대해 이렇게 번역했다.

> 남자가 하나님의 아름답고 빛나는 형상을 반영하여 먼저 지어진 것이 사실이지만 (11절)
>
> 그때 이후로 모든 남자는 여자에게서 나왔습니다 (12절)

처음에는 여자가 남자의 갈빗대로 창조되었지만, 그 이후로는 남자가 여자의 자궁 안에서 나온다. 그러나 이제 우리 모두는 두 번째 아담인 예수님으로 인해 거듭났다. 바울은 계속해서 이에 대해 설명한다.

> 사실, 모든 것이 하나님께로부터 온 것이니, "누가 먼저냐?"를 따지는 일은 이제 그만둡시다(12절)

하나님이 누구신지를 아는 순간 누가 처음이냐, 누가 최고냐를 따지는 것이 무의미해진다. 그분이야말로 처음이자 마지막이고, 시작과 끝이며 알파와 오메가이시다. 누구도 하나님 아버지처럼 우리를 사랑할 수 없다. 그분은 아들과 딸을 각각 유일하고 특별하게 사랑하신다. 또한 우리가 이성을 경멸하거나 우위에 두는 것은 하나님의 뜻을 거스르는 일이다. 하나님은 여성과 남성에게 각각 존귀한 특성과 역할을 주셨고 이 둘을 통해 자신을 표현하신다.

초대 교회의 남자와 여자

우리는 역사를 올바르게 이해해야 한다. 또한 성령님은 우리의 이해를 가로막는 원수의 베일을 벗겨내신다. 성경을 묵상해 보면, 초대 교회는 여러 모로 주목할 만하다. 당시의 문화는 초대 교회가 추구하는 가치와 대립되었지만, 교회는 오히려 세력을 넓히며 확장되었다. 초대 교회는 지극히 높으신 하나님께만 무릎을 꿇었고, 세상 왕들의 명령에 머리를 숙이지 않았다. 그들은 날마다 표적과 기사와 기적을 행함으로 눈에 보이지 않는 더 높은 권위자가 있음을 세상 사람들에게 확인시켰다.

초대 교회 성도들이 모인 장소는 성전이 아니었다. 그들은 가정에서, 시장에서, 카타콤의 비밀 집회에서, 심지어 배와 감방에서 모였다. 성도들은 출신 민족, 언어, 관습이 제각각이었지만 성령님 한 분으로 인해 연합되었다. 또한 남자와 여자도 함께 그리스도의 몸이 되었다. 초대 교회 성도들은 집집마다 다니면서 복음을 전했는데, 사도행전 2장 42~44절에는 그리스도의 몸인 교회가 얼마나 하나가 되었는지를 잘 보여준다.

> 그들이 사도의 가르침을 받아 서로 교제하고 떡을 떼며 오로지 기도하기를 힘쓰니라 사람마다 두려워하는데 사도들로 말미암아 기사와 표적이 많이 나타나니 믿는 사람이 다 함께 있어 모든 물건을 서로 통용하고

"모든 물건을 서로 통용"하는 행위는 단순히 물건뿐 아니라 예배, 교제, 음식, 기도와 소유까지 함께 했음을 보여준다. 남자와 여자는 함께 교제하고 가르쳤으며 기꺼이 서로에게 헌신했다. 식탁의 교제가 없이는 서로의 필요를 알 수 없다. 서로의 필요를 모르면 한 공동체를 세우기 어렵다. 또 식탁의 교제 없이 가르치기만 하면 엘리트주의를 부추기거나 진리를 경험할 수 없게 된다. 공동체와 하나 됨은 우리의 지식을 시험해서 실제로 진리대로 살아가게 만든다.

한편, 초대 교회에서는 여성에게 발언권이 있었다. 만약 그렇지 않았

다면 아나니아와 삽비라 사건은 다르게 전개되었을 것이다. 사도행전 5장 1~11절에는 아내가 없는 자리에서 베드로에게 거짓말을 했다가 엎드러져 혼이 떠난 아나니아의 이야기가 나온다. 아나니아가 숨을 거둔지 세 시간 후에 아내 삽비라가 나타난다. 그녀는 남편의 죽음에 대해 알지 못했지만 베드로 앞에서 뭐라고 말해야 할지는 알고 있었다. 베드로가 질문을 하자 삽비라는 남편과 짠 대로 거짓말을 했다. 그리고 남편과 마찬가지로 엎드러져 혼이 떠났다. 오늘날 가르치는 순종의 개념대로라면 삽비라는 거짓말을 했지만 '남편이 바라던 바를 높이거나 덮는' 행위를 한 것이니 문제가 없어야 한다. 하지만 실제로 삽비라는 거짓을 말한 대가로 목숨을 잃었다. 만약 그녀가 자기 목소리로 진실을 말했더라면 목숨은 건졌을지 모른다.

또한 초대 교회에서는 여성이든 남성이든 모두 자기 몫의 기여를 했다. 하나님은 타락으로 인해 잃어버렸던 것을 회복시키셨다. 즉 남성과 여성이 은혜와 권능에 힘입어 함께 일하게 된 것이다. 사도행전 2장 46~47절은 초대 교회에서 어떤 변화가 일어났는지를 잘 보여준다.

> 날마다 마음을 같이하여 성전에 모이기를 힘쓰고 집에서 떡을 떼며 기쁨과 순전한 마음으로 음식을 먹고 하나님을 찬미하며 또 온 백성에게 칭송을 받으니 주께서 구원 받는 사람을 날마다 더하게 하시니라

이 구절에는 초대 교회를 아름답게 만든 매일 매일의 변화가 담겨 있

다. 유대인 성도들은 성전에 함께 모이고 가정에서도 풍성한 교제를 나눴다. 그리고 감사와 순전한 마음으로 식탁에 둘러앉았다. 그들의 삶에는 하나님에 향한 찬양이 넘쳤고 사람들에게도 친절을 베풀었다. 예수님의 신부인 교회는 처음부터 여성을 배제하거나 깎아내리거나 비하하지 않았다.

하나님의 계획에서 성性은 서로 경쟁을 벌이는 경쟁자가 아니다. 오히려 서로 다른 모습을 지닌 채 하나가 되기 위해 창조되었다. 그러므로 남성과 여성이 연합할 때 훨씬 더 강한 힘을 발휘한다. 하나님의 아들과 딸이 서로 연합할 때 하나님의 형상과 영광을 드러낼 것이다. 하나가 되어 이룰 수 있는 위대한 일은 이 세상에서 아직 성취되지 않았을지 모른다. 우리가 연합할 때 하나님의 형상이 드러나고 눈부신 영광 속에 하나님의 영광이 찬란하게 빛날 것이다.

나눔 질문

1. 남성이기 때문에 감당해야 하는 것들이 있다면 어떤 것들인가?

2. 하나님의 부르심이 있는데 단지 여성이라는 이유만으로 망설인 적이 있는가?

3. 당신의 소명은 무엇이라고 생각하는가?

4. 여성이 '자격이 없고', '남을 잘 믿으며', '쉽게 속는다.'는 말을 들으면 어떤 느낌이나 생각이 드는가?

5. 서로 비난하고 책임을 전가하는 상황을 겪었다면 그것은 어떤 상황이었는가?

7장

두려움과 사랑

7장 두려움과 사랑

사랑은 영혼의 아름다움이다.
－어거스틴

최근 우리 부부가 한 교회에서 결혼을 주제로 문답 시간을 가졌다. 그 시간이 끝날 무렵에 기억에 남을 만한 질문이 하나 들어왔다. "삼십년 넘게 결혼생활을 유지해오셨는데, 혹시 과거로 돌아간다면 이것만큼은 다르게 해야겠다고 생각하시는 게 있으신가요?" 이 질문에 나는 진심을 담아 짧게 대답했다.

"두려움을 모르고 사랑했을 거예요."

그렇다. 사랑의 가장 큰 적은 두려움이다. 두려움에는 치명적인 영향을 미치는 힘이 있다. 나는 유독 두려움이 큰 사람이었다. 현실에서 일어날 가능성이 전혀 없는 일을 걱정하는 경우도 태반이었다. 실제로 내가 걱정했던 일들은 대부분 내 인생에서 일어나지 않았다. 물론 그 점에 대해 나는 하나님께 감사드린다.

　나는 성격상 실수를 저지르지 않으려고 전전긍긍한다. 하지만 뒤돌아 보면서 좀 더 대담하게 행동했어도 나쁘지 않았을 텐데 하고 후회한 적도 많다. 내가 의식하지 못했더라도 근거 없는 두려움이 내 경혼생활에서 많은 것을 빼앗아갔을 것이다. 사랑을 행동으로 옮기려는 순간 두려움이 들면 그 행동을 마비되고 한 발짝도 움직일 수 없게 된다. 이처럼 사랑과 두려움은 밀접하게 연관되어 있다.

　어릴 적 우리 가정을 지배한 것은 사랑이 아니라 두려움이었다. 두려움은 부모님의 결혼생활에 흔들었다. 집안 형편도 어려워서 우리는 늘 돈에 쪼들렸고 사랑에 목말랐다. 아버지가 건축업자였기 때문에 우리 집 건물은 아름다웠지만, 그림도 걸려 있지 않은 휑한 벽에는 늘 긴장감이 감돌았고, 어떤 포근함도 느낄 수 없었다. 부모님이 밤늦게까지 싸우셨기 때문에 나는 수많은 밤을 침대에 누워 억지로 잠을 청해야 했다. 그러면서 나는 절대 약한 사람이 되지 않겠다고 다짐했다. 결국 우리 부모님은 두 번이나 이혼을 하셨고, 친구도 아닌 원수가 되어 각자의 길을 가셨다.

　나는 그리스도인이 됐을 때에야 비로소 내 집을 찾은 느낌이었다. 하지만 그 집에 어울리는 행동까지 알지는 못했다. 결혼 후에도 나는 어릴 적 상처로 인해 여러 겹의 안전망을 치고 있었다. 부드러워지기를 거부하는 내 마음은 용서를 할 줄도, 용서를 받을 줄도 몰랐다. 이것은 내 결혼생활을 영향을 미쳤다. 남편은 내 아버지와는 전혀 다른 사람이었지만 내 입에서는 엄마가 아버지에게 퍼붓던 독설이 그대로 나왔다. 우리 부부는 매사에 부딪쳤다.

나는 어릴 적에 부모님에게서 물려받은 두려움이란 유산을 결혼생활에까지 들고 온 것이다. 두려움이 내 가정을 집어 삼키기 전에 어떤 조치든 취해야 했다. 존의 결점은 나 자신의 결점도 끄집어냈다. 사실 나는 존에게 많은 용서를 받은 사람이었지만 정작 내가 존에게 자비를 베풀어야 할 때는 구두쇠처럼 인색했다. 우리의 사랑도 쪼그라들었다. 나는 두려웠기 때문에 존을 충분히 사랑할 수 없었다. 또 나 자신을 보호하기 위해 존에게 마음을 활짝 열 수 없었다. 신혼 때 나는 존이 경멸스러운 습관이 있다는 사실을 알게 되었다. 나는 내 과거를 털어놨을 때 존이 용서해 준 것을 까맣게 잊고 그를 비난했다. 예수님은 우리가 용서받았듯이 다른 사람을 용서하라고 하셨지만 존의 죄를 마주쳤을 때 그분의 말씀은 온데간데없이 사라졌다. 존은 아내의 도움을 받지 못하는 상태에서 그 죄로부터 자유로워지기 위해 안간힘을 썼다. 하지만 두려움의 포로가 된 나는 그런 남편에게 모욕감을 줄 뿐이었다. 나는 문제의 원인이 '우리'에게 있는 게 아니라 '당신'에게 있다며 몰아 세웠다. 나는 멀리서 존이 고군분투하는 모습을 지켜봤고 그를 정죄하면서 안도감마저 느꼈다. 그리고 그가 변하지 않는다면 용서하지 않겠다고 다짐했다. 우리의 갈등은 삶의 다른 영역에까지 확대되었다. 그러던 어느 날 밤, 나는 하나님께 이렇게 기도했다.

"하나님, 존이 변한다면 용서해 볼게요."

적어도 내가 보기에 우리 부부 사이의 신뢰는 완전히 무너진 상태였다. 나는 더 이상 실망하고 싶지 않았다. 그러나 하나님은 내게 도로 질문을 던지셨다.

"너는 나를 신뢰하니?"

"그럼요."

"그렇다면 나를 믿고 그를 먼저 용서해 주렴 그럼 존도 변할 거야."

나는 하나님께 순종해서 존에게 그대로 말했다.

"당신이 변하려고 애쓴다는 거 알아요. 난 당신을 이미 용서했어요."

하나님께 순종하면 반드시 변화가 일어난다. 하나님의 인도대로 내가 조건 없는 자비를 베풀자 우리 두 사람 모두에게 놀라운 치유의 역사가 일어났다. 존은 수치스러운 어둠에서 빛 가운데로 나올 수 있었고, 죄에서 벗어나 진정한 자유를 얻을 수 있었다.

두려움을 모르는 사랑

하나님의 사랑은 인간의 행위에 근거하지 않는다. 하나님의 신실하심이 그런 사랑을 가능케 한다. 내가 예수님의 이름으로 아버지께 어떤 죄를 고백하든 그분은 내게 수치를 주지 않으셨다. 오히려 자신을 믿고 따라오라고 격려해 주셨다. 우리는 누군가에게 한 번 실망하고 나면, 또다시 실망하지 않기 위해 그 사람에게 더 이상 관심을 주지 않는다. 두려움에 사랑을 꾹꾹 억누르는 것이다.[1] C. S. 루이스는 『네 가지 사랑』에서 이런 태도에 어떤 오류가 있는지를 탁월하게 설명했다.

사랑한다는 것은 상처받을 수 있는 위험에 자신을 노출시키는 행위입니다. 무엇이든 사랑해 보십시오. 여러분의 마음은 분명 아픔을 느낄 것이며, 어쩌면 부서져 버릴 수도 있습니다. 마음을 아무 손상 없이 고스란히 간직하고 싶다면, 누구에게도 – 심지어 동물에게도 – 마음을 주어서는 안 됩니다. 그것을 취미와 작은 사치로 조심스럽게 감싸 두십시오. 또 모든 얽히는 관계를 피하십시오. 마음을 당신의 이기심이라는 작은 상자 안에만 넣어 안전하게 잠가 두십시오. 그러나 (안전하고 어두우며, 움직임도 공기도 없는) 그 작은 상자 안에서도 그것은 변하고 말 것입니다. 부서지거나 깨뜨릴 수 없고 뚫고 들어갈 수도 없을 것입니다. 결국에는 구원받을 수 없는 상태가 되고 말 것입니다. 사랑한다는 것은 상처받을 수 있는 위험에 자신을 노출시키는 행위입니다.

그렇다. 사랑한다는 것은 곧 상처받을지 모르는 위험에 자신을 노출시키는 행위다. 사랑과 상처받을 가능성은 하나의 짝으로 사랑하면 상처받을 가능성을 피할 도리가 없다. 상처받을 가능성이라는 말에 구체적으로 어떤 위험이 내재되어 있는지 좀 더 깊이 살펴보자. '상처받을 수 있는vulnerable'이라는 단어의 정의에는 '노출된exposed'이라는 뜻이 있다. 그러므로 상처받을 수 있다는 말은 종종 벌거벗은naked 상태와 동일시된다. 반면 사랑은 벌거벗고도 부끄러움을 모르는 안전한 관계다. 여기서 벌거벗음이란 두려움 없이 마음을 터놓는 상태다. 우리는 하나님 앞에 이렇듯 벌거벗은 상태로 서야 한다. 그것이 건강한 사랑의 관계다.

예수님이 인간이 되셨을 때, 그것은 우리를 대신해 상처받을 수 있는 상태가 되신 것이다. 우리를 향한 하나님의 사랑을 드러내기 위해 예수님이 상처받을 수 있는 자리를 택하신 것이다. 예수님 덕분에 우리는 어떤 두려움도 없이 하나님을 사랑할 수 있게 되었다.

하나님은 사랑이시다. 그 사랑은 영원하고 절대 떨어지지 않으며, 그 사랑에 내맡긴 것은 무엇이든 사라지지 않는다. 하지만 두려움이 있으면 사랑이 번성하지 못한다. 두려움은 막다른 길이며 두려움에 귀를 기울이면 고통으로 인도된다.

오래 전에 첫 번째 책을 쓰면서 나는 두려움의 반대말이 믿음이나 용기가 아니라 사랑이라는 사실을 깨달았다. 고린도전서 13장에 '사랑' 대신 '두려움'을 집어넣어 보라. 두려움과 사랑이 얼마나 다른지 금방 알 수 있다.

> 두려움은 참지 않고 두려움은 포악하며 시기하며 두려움은 자랑하며 교만하며 무례히 행하며 자기의 유익을 구하며 성내며 악한 것을 생각하며 불의를 기뻐하며 진리와 함께 기뻐하지 아니하고 무엇도 참지 않고 무엇도 믿지 않으며 무엇도 바라지 않고 무엇도 견디지 아니하느니라 두려움은 떨어지리라

두려움이 맺는 열매와 두려움이 일으키는 동기는 사랑의 반대편에 있다. 스릴을 즐기는 사람들은 위험한 상황에 처했을 때 느껴지는 쾌감이 짜릿하다고 말한다. 그러나 그들이 아무리 용감하다 할지라도 진정 용감하고 두려움이 없는 사람은 사랑을 하는 사람이다. 하나님은 사랑이시다. 그 사랑에는 두려움이 없다. 그러므로 하나님의 자녀인 우리도 두

려움 없이 사랑할 수 있다. 우리는 하나님의 두려움 없는 사랑을 한없이 받고 있기 때문이다. 하나님은 절대 우리에게 실망하지 않으신다.

완전한 사랑

사랑 없는 용기는 허세에 불과하다. 남에게 깊은 인상을 남기려는 목적이 있을 뿐이다. 사람이 할 수 있는 가장 용감한 행동은 다른 사람을 대신해 위험을 무릅쓰는 일이다.

> 사람이 친구를 위하여 자기 목숨을 버리면 이보다 더 큰 사랑이 없나니 (요 15:13)

같은 구절을 메시지 성경에서는 이렇게 옮겼다.

> 최선의 사랑법은 이것이다. 친구를 위해 너희 목숨을 걸어라.

한편, 고린도전서 13장 3절에서는 사랑이 없는 용기와 희생을 이렇게 설명한다.

> 내가 내게 있는 모든 것으로 구제하고 또 몸을 불사르게 내줄지라도 사랑이 없으면 내게 아무 유익이 없느니라

심지어 순교를 하더라도 그 속에 사랑이 없다면 종교적인 행위에 불

과하다. 예수님은 하나님 아버지의 큰 사랑을 받았고, 아버지가 자신을 사랑하듯 우리를 사랑하셨다. 예수님은 그 사랑으로 고난을 인내하셨고 우리의 구원이라는 소망과 비전을 이루셨다. 예수님은 내가 어떤 과거를 가졌든 나를 사랑하시며 내가 미래에 또 죄를 저지르고 실수할 것을 두려워하지 않으신다. 그분은 이미 그것을 알고 계신다. 그럼에도 예수 그리스도로 인해 우리를 의롭다고 하신다.

> 하나님이 죄를 알지도 못하신 이를 우리를 대신하여 죄로 삼으신 것은 우리로 하여금 그 안에서 하나님의 의가 되게 하려 하심이라(고후 5:21)

예수님은 우리 문제의 근본적인 답을 갖고 계신다. 우리는 자신의 죄에 집중하며 다시 그러지 않기 위해 시간과 에너지를 쏟아 부을 수 있다. 하지만 그렇게 되면 우리의 시선은 죄에만 머물게 된다. 또한 자기 죄에 압도당한 이들은 곧 남의 죄에도 눈을 돌리게 된다. 그래서 남에게 엄격한 지도자는 자기 자신에게도 가혹한 경우가 많다. 엄격한 잣대로 들여다보면 흠이 보이게 마련이다. 그러나 우리의 시선을 예수 그리스도에게 두면 우리의 불완전한 모습은 그분의 광채 앞에서 사라져 버린다. 그리고 그분이 나를 바라보는 시선으로 나 자신을 바라보게 된다.

> 그들이 주를 앙망하고 광채를 내었으니 그들의 얼굴은 부끄럽지 아니하리로다
> (시 34:5)

예수님은 우리의 죄가 그분의 사랑을 가리도록 놔두지 않으신다. 그러므로 우리는 자신의 연약함을 발견하고 부끄러워하며 그분을 피할 것이 아니라 오히려 소망을 품고 그분을 바라봐야 한다. 그분의 완전한 사랑은 우리의 모든 두려움을 물리친다. 왜 두려움이 그분의 사랑을 가로막게 하는가? 우리는 그분의 측량할 수 없는 사랑을 믿고 그분 앞으로 나아가야 한다. 그러면 무엇과도 비교할 수 없는 그분의 사랑의 우리의 죄와 허물을 덮어 주시는 것을 경험할 것이다. 시편 91편을 보자.

> 하나님이 이르시되 그녀가 나를 사랑한즉 내가 그녀를 건지리라 그녀가 내 이름을 안즉 내가 그녀를 높이리라(14절)

언제나 사랑이 이긴다. 사랑 안에서 우리는 항상 안전하다. 또 살아가면서 우리가 어떤 상처를 입더라도 사랑은 그 상처를 치유한다. 배우자를 두려움 없이 사랑하라. 당신의 자녀와 부모에게도 두려움 없는 사랑을 주라. 질투, 소유욕, 두려움이 아닌 진정한 우정을 키워나가라. 자신이 하는 일과 일터, 소속된 기관이나 교회, 그리고 당신의 일상을 사랑하라. 사랑하는 대상에게서 실수와 죄를 발견하거든 더 고난이도의 사랑에 도전해 보라. 바로 원수를 사랑하는 일이다. 왜 예수님은 우리에게 원수를 사랑하라고 말씀하셨을까?

원수를 사랑하는 것은 양과 염소를 구별하는 기준이 된다. 우리가 원수를 사랑할 때 비로소 믿지 않는 사람과 구별된다. 우리를 결박하고 해치려는 사람을 사랑하기로 결심하면 변화가 일어난다. 비록 환경은 변하지 않을지라도 우리 자신은 갇혀 있는 상태를 벗어나 자유로워지는 것이다.

남북전쟁 당시의 한 노예에 관한 일화를 읽은 적이 있다. 어떤 노예가 전쟁터에서 부상당해 누워 있는 한 군인을 발견했다. 알고 보니 남부군으로 참전한 자신의 주인이었다. 노예는 주인이 숨을 거두도록 내버려 둘 수도 있었다. 하지만 적군인 주인이 처치를 받을 수 있도록 위생병에게 데리고 갔다. 그런 결단을 내리는 것이 결코 쉽지 않았을 것이다. 이는 그가 진정한 자유를 누리고 있었기에 가능한 일이었다.

주인이 자유를 허락했음에도 종이 스스로 매여 있겠다고 선택할 수는 있다. 하지만 누군가의 소유가 아닌 자유의 몸인데 자신이 종이라고 착각해서는 안 된다. 우리는 겉으로는 자유롭지만 속으로는 어딘가에 매여 있는 종처럼 살아서는 안 된다. 어떻게 살지는 당신이 선택해야 한다. 사랑은 선택하지만 두려움은 반응한다. 사랑은 자유이지만 두려움은 속박이다. 그리고 완전한 사랑은 두려움을 몰아낸다.

그래도 사랑하라

〈역설의 진리〉라는 시의 저자는 켄트 케이스Kent M. Keith[2]이지만 한 때는 마더 테레사가 썼다고 잘못 알려졌다. 테레사 수녀가 이 시를 눈에 잘 띄는 곳에 놓고 항상 묵상했기 때문이다. 시의 일부분을 어디선가 들어본 적 있을 테지만 여기에 전체를 소개하고 싶다.

사람은 논리적이지 않고 이성적이지도 않다. 게다가 자기중심적이다.

그래도 사람을 사랑하라.

착한 일을 하면 사람들이 다른 속셈이 있을 거라고 의심할 것이다.

그래도 착한 일을 하라.

성공하면 가짜 친구와 진짜 적이 생길 것이다.

그래도 성공하라.

오늘 착한 일을 해도 내일이면 사람들은 잊어버릴 것이다.

그래도 착한 일을 하라.

정직하고 솔직하면 공격당하기 쉽다.

그래도 정직하고 솔직하게 살아라.

사리사욕에 눈 먼 소인배들이 큰 뜻을 품은 사람을 해칠 수도 있다.

그래도 크게 생각하라.

사람들은 약자에게 호의를 베풀지만 결국에는 힘 있는 사람 편에 선다.

그래도 약자를 위해 분투하라.

몇 년 동안 공들여 쌓은 탑이 하루아침에 무너질 수도 있다.

그래도 탑을 쌓아라.

물에 빠진 사람을 구해주면 보따리 내놓으라고 덤빌 수도 있다.

그래도 도움이 필요한 사람을 도와라.

젖 먹던 힘까지 다해 헌신해도 칭찬을 듣기는커녕 욕을 먹을 수도 있다.

그래도 헌신하라.

  사람들은 당신에게 실망을 안겨줄 것이다. 그래도 사랑하라. 케이스의 시를 읽다 보면 저절로 나를 돌아보게 된다. 혹시 누군가를 실망시킨 적이 있는가? 나도 그런 적이 있다. 그러면 사람들은 고개를 흔들면서 멀어져 간다. 이처럼 친구도 내게 상처를 주고 배신할 수 있다. 그래도 사랑해야 한다.

  처음에는 힘이 들 것이다. 하지만 실수하도록 허락해 주고, 그것을 통해 깨달은 것을 존중해 주면 사람은 변화되고 성장한다. 여기서 한 가지 짚고 넘어갈 것이 있다. 방금 언급한 실수는 단순히 오류, 오해, 오판을 의미한다. 다시 말해 악의에 의해 고의로 저지른 행위는 실수가 아니다. 올바른 방향으로 나아가는 과정이 실수다.

  의인이든 악인이든 발을 헛디뎌 흔들리고 넘어질 때가 있다. 그런데 이때 의인은 사랑에 힘입어 일어나지만, 악인은 계속 엎드려 있다. 그러면서 옆에 있는 다른 사람들까지 넘어지게 만든다. 그러나 의인은 일어나서 다른 사람들을 일으켜 세우며 앞으로 나아간다잠 24:16.

> 오직 사랑 안에서 참된 것을 하여 범사에 그에게까지 자랄지라 그는 머리니 곧 그리스도라 그에게서 온 몸이 각 마디를 통하여 도움을 받음으로 연결되고 결합되어 각 지체의 분량대로 역사하여 그 몸을 자라게 하며 사랑 안에서 스스로 세우느니라엡 4:15-16.

사랑 안에서 참된 것을 말하면 그리스도의 몸을 세울 수 있다. 사랑의 말은 삶의 구석구석에서 우리를 성장하게 만든다. 반면 증오의 말은 사람의 성장을 가로막는다. 그러므로 사랑이 두려움보다 강하다.

실망을 극복하기

사랑은 최선을 신뢰하는 것인데 이는 최선을 요구하는 것과는 완전히 다르다. 사랑이 소망으로 성장하는 것과 달리 인간의 기대는 요구로 변한다. 나는 남편을 신뢰하지만 궁극적으로 소망을 하나님께 둔다. 남편과 나는 사랑하지만 서로 실망시킬 때도 있다. 인간은 서로를 실망시킬 수밖에 없는 존재다. 하지만 우리는 실망감에 주저앉지 않고 깨달음을 얻었다는 데 감사드린 후 일어나서 계속 앞으로 나아간다. 이런 접근 방식은 실망스러운 일을 곱씹으면서 계속 실수를 지적하는 것보다 훨씬 낫다.

한때 우리는 서로 다각도에서 실수를 지적해 주는 것이 유익하다고 생각했었다. 그러면 똑같은 실수를 다시 반복하는 일이 없으리라고 생각했다. 하지만 효과가 거의 없었다. 실수를 지적하면 상대의 결점이 눈에 점점 더 잘 들어온다. 그래서 어느 순간 상대에게서 최고가 아닌 최악의 모습을 예상하게 된다. 이는 자녀에게도 마찬가지다. 실망 또한 관계의 일부다. 친한 친구일수록 서로 실망할 일도 많다. 그렇다고 해서 사랑이 끝난 것은 아니다. 진정한 관계에는 상처받을 위험이 언제나 도사리고 있다. 남편, 자녀, 친구에게 예수님처럼 되기를 기대하거나 요구해서는 안 된다. 그 결과는 인간에 대한 실망뿐이다.

그냥 그 사람의 최선을 믿어주고 상대가 기대에 미치지 못할 때는 만회할 수 있는 기회를 주라. 우리 모두 그리스도의 몸을 세우기 위해 부름 받은 사람들이다. 그들이 기대에 못 미친다고 해서 그들을 몸에서 잘라낼 수 없다. 당신이 멀리하고 싶은 사람이 있을 것이고, 반대로 당신을 떠나고 싶어 하는 사람도 있을 것이다. 사람들은 한번 상처를 입으면 그 사람을 멀리하려고 한다. 또 다시 상처입고 싶지 않기 때문이다. 반면 하나님은 언제나 내가 나 자신이 상상하는 것보다 더 나은 일을 해낼 수 있다고 믿으신다. 그분은 과거에 저지른 내 실수들로 인해 나를 포기하지 않으신다. 바울과 고린도 교회 사이에도 기대와 실망으로 인한 문제가 있었다.

내게는 이런 두려움이 있습니다. 내가 여러분을 방문할 때 여러분이 나를 실망시키지 않을까, 내가 여러분을 실망시키지 않을까, 서로 실망한 나머지 모든 것이 산산조각 나서, 싸움과 시기와 격분과 편가르기와 격한 말과 악한 소문과 자만과 큰 소란이 일어나지 않을까 하는 것입니다(고후 12:20, 메시지 성경)

실망하게 될 것을 두려워하지 말라. 그러면 소망이 없는 상태가 된다. 더불어 많은 것을 요구하면서 그것이 성취할 때까지 인정해주지 않겠다고 다른 사람을 두렵게 하지 마라. 그러면 상대방은 고립감을 느끼고 화가 나기 마련이다. 다른 사람이 나를 믿어주기를 바라는 것처럼 다른 사람을 믿어주어야 한다. 단 한 번의 실수로 그 사람을 판단하지 마라. 그것은 누구에게나 두려운 일이다.

두려움의 길

두려움의 대가는 비싸다. 두려움은 우리의 능력과 꿈, 관계, 재정, 믿음, 소망을 빼앗아간다. 사랑이 우리 인생에 값없이 준 것들을 두려움은 다 빼앗아갈 수 있다. 그런데 두려움은 쉴 새 없이 우리 인생에 찾아온다. 두려움은 성령의 권능, 사랑, 건전한 정신을 무기력하게 만드는 힘이다. 두려움은 우리에게서 성장할 수 있는 기회를 앗아가며 미래에 대한 관점까지도 지배하려 든다.

사랑의 길

사랑은 관계와 소망을 회복시킨다. 하지만 사랑이라는 새 약속을 입으려면 먼저 두려움이라는 낡은 옷을 벗어야 한다.

> 새 포도주를 낡은 가죽 부대에 넣지 아니하나니 그렇게 하면 부대가 터져 포도주도 쏟아지고 부대도 버리게 됨이라 새 포도주는 새 부대에 넣어야 둘이 다 보전되느니라(마 4:17)

두려움은 우리가 사랑이라는 새로운 길로 가지 못하도록 호시탐탐 방해한다. 하지만 두려움 없는 사랑은 그런 방해를 물리치고 사랑의 길을 걷게 한다.

두려움을 모르는 여성

작년에 친구가 생일 축하 카드에 마음에 드는 문구가 있어서 거울에 붙여 놨다. 카드에는 '중요한 건 옷이 아니라 태도입니다.'라는 문구가 적혀 있었다. 사랑도 담대한 태도를 통해 드러난다. 즉 사랑에는 노력이 필요하다.

당신에게 무척 흥미로운 사실 하나를 알려주고 싶다. 두려움을 모르는 여성만큼 매력적인 여성은 없다는 사실이다. 한 번 더 강조하자면 경솔한careless 여성이 아니라 두려움을 모르는fearless 여성이 매력적이다. 두려움을 모르는 딸은 믿음으로 하나님의 약속을 받는다. 하나님의 말씀에 순종하는 여성은 자기 자신을 사랑하는 당당한 여성이다.

두려움은 우리 자신이 얼마나 무능한지를 보라고 말한다. 반면 사랑은 하나님의 능력을 보라고 말한다. 두려움은 의기소침하게 하고, 사랑은 사람의 마음을 끌어당긴다. 매력적attractive이라는 말의 어원에는 '유인하다, 끌어들이다', '자석이 당기듯 당기거나 잡아끌다' 혹은 '흥미와 감정을 일으키다'는 뜻이 있다. 이처럼 사랑은 우리 인생에 축복을 끌어당기는 자석과 같다. 이제 한번 자신에게 질문해 보자.

나는 무엇을 두려워하고 있는가?
내가 정면으로 마주해야만 하는 것은 무엇인가?
저 사람이 변하기 전까지는 절대 용서하지 않겠다고 마음먹은 상대가 있는가?
두려움 때문에 사랑을 축소시킨 적이 있는가?
두려움 때문에 다른 사람을 몰아붙인 적이 있는가?

이제 전세를 역전시킬 시간이다. 역전의 방법은 간단하다. 하나님이 우리를 향해 선포하신 기적을 우리가 스스로 선포하면 된다.

사랑하는 딸에게. 하나님 아버지와 그리스도 예수 우리 주님이 네게 은혜와 긍휼과 평강을 부어주시기를 기도한단다! 나는 이 편지를 써서 네 속에 있는 하나님의 은사가 다시 불타오르도록 네가 생각을 하게 만들려고 한단다. 하나님이 우리에게 주신 것은 두려워하는 마음이 아니라 오직 능력과 사랑과 절제하는 마음이거든! 그러니 너는 우리 주를 증언하는 것을 부끄러워하지 말고 오직 하나님의 능력을 힘입어 악한 자를 이기려무나. 하나님은 우리를 구원하시고 거룩하신 소명으로 부르셨지. 그건 우리의 행위 때문이 아니라 오직 그분의 뜻과 영원 전부터 그리스도 예수 안에서 우리에게 주신 은혜대로 하신 일이란다!(딤후 1:2, 6-9절, 메시지 성경, 일부 수정)

나는 바울이 디모데에게 보낸 편지를 기초로 기도문을 만들었다. 다음의 기도문으로 함께 기도드리자.

하늘에 계신 아버지.

저는 아버지의 은혜와 긍휼, 평강을 받았습니다. 이제 제게 주신 은사에 다시 불을 붙여 주세요. 하나님이 저에게 두려워하는 마음을 주시지 않은 것을 잘 압니다. 이제 두려움이 속삭이는 말을 듣지 않겠습니다. 아버지, 두려움이라는 강도가 제게서 빼앗아간 것을 다시 회복시켜 주세요. 주님은 제게 성령님을 보내 주시고, 능력과 사랑과 절제하는 마음을 주셨습니다. 그 힘으로 저는 오늘도 사랑을 선택하겠습니다. 복음을 부끄러워하지 않고 두려움에 뒷걸음치지 않겠습니다. 그리고 담대하게 사랑하겠습니다.

나눔 질문

1. 어떻게 하면 두려움 없이 사랑할 수 있는가?

2. 결혼생활에서 전적으로 배우자의 잘못이라고 단정지은 것이 있다면 그것은 무엇인가?

3. 상처받는 것이 두려워 사랑을 축소시킨 적이 있다면 이런 상황을 바꾸기 위해서 할 수 있는 것은 무엇인가?

4. 한 번의 실수로 인해 그 사람을 판단했던 적이 있다면 그것은 어떤 상황이었는가?

5. 넘어졌지만 다시 일어나기가 두려웠던 경험은 어떤 것이었나?

6. 두려움을 모르는 여성과 경솔한 여성의 차이는 무엇인가?

8장

깊은 우물

8장 깊은 우물

> 시험은 우리가 누구인지를 가르쳐 준다. 즉 시험은 우리가 흙으로 만들어 졌음을 깨닫게 해준다.
> - 찰스 스펄전(Charles Spurgeon)

깊은 영성을 갖고 싶다면 시험을 통과해야 한다. 찰스 스펄전은 시험이 우리 속에 있는 것을 드러낸다고 말한다. 나 역시 그에 동감한다. 이처럼 시험은 우리를 가르치는 교사이지만, 어떤 학생이 될지는 우리 각자의 손에 달렸다. 나는 D학점을 받은 적이 많았던 것 같다. 낙제는 겨우 면하는 점수인데, 이 경우 대개는 재시험을 봐야 한다. 한편, 시험이 우리를 망칠 것인지, 우리에게 깨달음을 줄 것인지는 전적으로 우리의 선택에 달렸다.

앞으로 닥칠 일과 다른 사람들의 평가는 우리가 통제할 수 없지만 그에 대한 반응은 우리의 선택이다. 스펄전은 이에 대해 이렇게 말했다. '나는 나를 바위에 내동댕이치는 파도에 입 맞추는 방법을 배웠다.'

어떤 문제가 느닷없이 들이닥쳤을 때, 사람들의 반응은 저마다 다르다. 나는 얼마 전 바닷가에 놀러갔을 때 손녀딸 소피아가 노는 모습을 유심히 지켜봤다. 아이는 파도가 밀려 올 때 정면으로 파도를 맞으면서 즐거워했다. 파도가 몇 번이나 자신의 몸을 내리치고 물에 잠기게 만들어도 신나는 놀이로 여겼다. 소피아는 깔깔대면서 얼굴을 쓱 닦고는 또 파도를 맞을 준비를 했다.

사실 바로 앞에서 인용한 스펄전의 말에서 바위란 해안가의 바위가 아니라 우리의 반석이신 그리스도를 의미한다. 우리는 매일 인생의 파도에 어떻게 반응할지를 결정해야 한다. 방어적인 자세를 취하면 닥쳐오는 일이 전부 문젯거리가 된다. 반면 우리 자신을 낮추고 문제에서 깨달음을 얻으면 성령님이 영적 깊이와 경건의 능력을 더해 주신다. 사실 시험은 우리의 정체성을 훼손하지 못한다. 다만 우리가 흙으로 만들어진 인간임을 깨닫게 해줄 뿐이다. 우리의 정체성은 과거에 어떤 일을 했는지, 지금 어떤 일을 하고 있는지에 따라 결정되는 것이 아니다. 우리의 정체성은 예수님이 하신 일로 인해 '그리스도 안에서' 결정된다. 시험은 이러한 정체성을 가지고 우리가 끊임없이 그리스도를 닮아서 자존감 높은 사람이 되게한다. 그리스도는 우리의 반석이시며 근원이시다.

땅 다지기

내가 사는 콜로라도는 경치가 정말 아름답다. 또한 녹음이 우거지고 건조한 날이 대부분이다. 콜로라도의 극한 환경에서 다져진 토양은 단단하기 이를 데 없다. 나는 내 마음이 우리 집 마당의 거친 땅과 달리 부드러운 상태이기를 바란다. 크고 작은 공격을 받으면 마음의 땅이 파헤쳐지고 그 안에 숨어있던 해로운 벌레가 모습을 드러낸다. 그 벌레는 내가 모르는 사이에 결혼의 뿌리를 야금야금 갉아먹었다. 또 우정이라는 나무가 꽃을 피우지 못하도록 가로막았다. 이런 일은 벌어지며 나는 그럴 때마다 하나님 아버지와 대화를 나눈다.

"아, 끔찍해요! 아버지, 보고 계세요?" 그러면 아버지는 말씀하신다.
"리사, 지금에야 발견했구나. 그런데 그 벌레가 계속 거기 살면 앞으로 수확이 어려워질 거란다."

자세히 들여다보니 아직 움트지 않은 씨앗이 눈에 들어왔다. 씨앗에 싹이 트려면 시간이 꽤 걸릴 것이다. 이 씨앗은 내 삶과 가정에서 아직 성취되지 않은 하나님의 약속이다. 나는 '과연 그 씨앗이 움틀 수나 있을까'라고 생각했다. 그 순간 아버지께서 말씀하셨다.

이 해로운 벌레는 순식간에 증식한단다. 선택은 언제나 네 몫이야. 변명이라는 흙으로 덮어서 당장 눈에 안 보이게 할 수는 있겠지. 하지만 그렇게 해도 벌레는 여전히 있겠지. 해로운 벌레를 완전히 제거해야 해.

나는 즉시 시기심, 의심, 사람을 두려워하는 마음을 고백했다.

잘했다. 이왕 하는 김에 잡초도 같이 뽑자꾸나. 흙이 부드러울 때 잡초 뽑기가 더 쉽단다. 잡초를 뽑은 후에 그 자리에 말씀의 씨앗을 심자.

잠깐만요. 내 마음을 즐겁게 해주는 잡초들은 정원에 좀 더 둬도 되지 않을까 하는 생각이 들었다. 땅에 잡초라도 없으면 허허벌판처럼 보일 것이다.

"그런데 하나님, 잡초까지 뽑으면 땅에 아무것도 없는데요."

"리사, 기름져 보이는 땅을 원하니, 아니면 실제로 기름진 땅을 원하니?"

주님의 이 질문은 우리 세대를 향해 던지시는 물음이기도 하다. 열매를 맺지 못하는 이 세대는 겉으로는 얼마나 기름져 보이는가?

"알았어요. 그럼 잡초도 뽑을게요."

그렇게 해서 내 땅에는 아무것도 남지 않는다. 하지만 이제 내 땅에서는 하나님의 약속이 자랄 것이다. 이처럼 시험과 시련은 마음의 땅을 개간해서 그동안 성장을 가로막던 요소들을 제거한다. 이런 작업은 우리를 준비시키고 구비시키는 과정이다.

우리의 강점과 약점은 시험을 통과하면서 비로소 드러난다. 시련은 다음 계절을 준비할 수 있도록 단단하고 메마른 우리 영혼의 흙덩이를 부순다. 이런 기초 공사를 하지 않으면 하나님 말씀이라는 생수가 우리 마음의 땅에 흡수되지 못한다. 우리 마음이 가뭄으로 굳어진 땅처럼 변해버리는 것이다. 그러면 결국 풍요의 계절이 왔을 때 우리는 열매 맺지 못한다.

또한 시험은 우리에게 하나님이 어떤 분이신지를 가르쳐준다. 언젠가 시험이 다가오는 이유를 두고 설전을 벌인 적이 있다. 그때 나는 말씀에 따라 살고 있는 사람에게는 나쁜 일이 절대 일어날 수 없다고 말했었다. 돌이켜보면 참으로 어리고 어리석은 생각이었다. 우리 인생에 필요한 모든 것은 하나님의 말씀 속에 있다. 그런데 우리는 시험을 당할 때에야 무릎을 꿇으며 진리의 말씀에 귀를 기울인다.

땅을 기경하다

나는 새로 임명된 목사의 아내로서 내 삶에는 별로 문제가 없다고 생각하며 예배의 맨 앞줄에 앉아 있었다. 당시 나는 어렸고, 구원받은 지 얼마 되지 않았으며, 신혼이었다. 마음의 땅을 갈아엎는 작업을 시작한 지 얼마 안 됐기 때문에 단단한 땅의 표면은 조금 긁힌 정도에 불과했다. 자신감이 충만했던 나는 하나님께 내 삶을 기경해 달라며 요청했다. 그런데 하루도 지나지 않아 감히 그렇게 기도한 것을 후회하는 일이 일어났다.

"아버지, 제가 제 삶을 기경해 달라고 부탁드렸었죠? 혹시 취소하면 안 될까요?"

하지만 하나님은 허락하지 않으셨다. 많은 그리스도인이 그렇듯 나도 절체절명의 순간이 오기 전까지 하나님께 얕고 공허한 기도를 드리고 있었다. 그 기도는 내 삶에 어떤 변화도 일으키지 않았다. 나는 그저 의무감으로 남들이 기도하는 것을 흉내 내고 있었다. 기도란 하나님과 대화하는 것이라는 말을 듣기는 했지만, 그것을 어떻게 하는 것인지 알지 못했다.

큰 사건을 겪으면서 나는 하나님이 시험을 통해 기도의 깊이를 더하신다는 사실을 깨달았다. 하나님께서 내 인생을 기경하시도록 맡기면 그분이 일하기 시작하신다. 시간이 흐른 후 그때를 돌아보니 스펄전이 옳았다. 시험은 우리가 흙으로 지어진 인간임을 드러내며, 하나님의 말씀은 우리가 누구의 소유인지 드러낸다. 즉 시험은 우리가 '누구인가'에서 '누구에게 속했는가'로 우리의 관점을 바꾼다.

깊은 우물

사람들이 깊은 우물과 같다고 표현하는 사람들을 만날 때면 얼마나 기쁜지 모른다. 이런 사람들에게는 겉으로 드러나는 모습보다 훨씬 더 많은 보물들이 숨겨져 있다. 깊은 우물과 같은 사람들은 다른 사람이었다면 진흙탕이 되거나 오염됐을 사건을 겪고도 물을 깨끗하게 유지하며 찾는 사람들의 원기를 북돋아준다. 또한 깊은 우물과 같은 사람과 대화를 나누다 보면 나 자신에 대해 깨닫게 되곤 한다.

나는 깊은 우물 같은 여성들을 몇 명 알고 있다. 그들을 더 깊이 알고 싶고, 그들에게 묻고 싶은 질문이 너무나 많다. 그들과 함께 있을 때는 말하기보다는 듣고 싶은 마음이 커진다. 그리고 나 역시 그들과 같이 깊은 우물 같은 사람이 되고 싶다.

깊은 우물 같은 사람들은 내가 하고 있는 일보다 내가 어떻게 나 자신을 채우고 있는지를 더 궁금해 한다. 그들이 관심어린 질문들을 던지면 나도 모르게 경계를 풀고 내 속에 있는 것을 모조리 털어놓게 된다. 그들은 강한 바람이 아니라 부드러운 햇살로 나를 무장해제 시킨다.

깊은 우물 같은 사람들을 만나면서 몇 가지 발견한 사실이 있다. 그들은 건강한 삶을 살고 있다는 것이다. 깊이는 돈으로 살 수 없고, 자신의 인생에 용기를 내서 정직해져야만 얻을 수 있다. 이런 점에서 깊이는 끊임없이 사용할 때 커지는 근육과도 같다.

소원을 비는 분수

최근에 한 기획사로부터 존과 나를 섭외하고 싶다는 연락을 받았다. 그 기획사는 TV프로그램을 기획 중이었는데, 이 시대 사람들이 직면한 문제를 영적인 측면에서 접근하는 것이 기획의도라고 설명했다. 사실 이런 출연 요청을 여러 번 받은 적이 있지만, 그때마다 매번 거절했었다. 하지만 이번 기획사는 우리를 설득하는 데 성공했다. 그래서 우리는 한 시간 동안 스카이프로 통화하는 인터뷰를 녹화하게 되었다. 통화를 하기에 앞서 인터뷰 때 답변해 줘야 할 질문의 목록이 왔다. 첫 번째 질문은 대략 이랬다.

열여섯 살 된 딸이 자기보다 연상에 성 경험이 많은 남자친구와 성관계를 갖고 있습니다. 딸은 남자를 사귀는 게 이번이 처음이고요. 엄마로서 딸이 성병이라도 걸릴까봐 걱정이 됩니다. 피임이라도 시켜야 할까요? 어떻게 하면 좋을까요?

내 생각에는 너무 쉬운 문제였다. 딸은 부모님과 한 집에 사는 미성년자 아닌가? 나는 확신에 차서 대답했다. 성경에서 혼외 성관계를 금하고 있으며 부모로서 딸에게 그 남자친구를 더 이상 만나지 말라고 말하라고 했다. 이어서 성경의 내용을 더 자세히 설명하려는데 기획사 관계자가 나를 막았다. 그녀는 첫째, 두 사람의 관계에 대해서는 조언하지 말고 둘째, 성경을 인용하지 않았으면 좋겠다고 말했다. 그들은 그들의 입맛에 맞는 영적 조언자가 필요했다. 우리는 더 이상 인터뷰를 진행할 필요가 없음을 깨달았다. 그들은 성경의 조언은 듣고 싶어 하지 않았고 세상을 만족케 하는 영적 조언을 듣고 싶은 것이었다. 다시 말해 우리가 깊은 우물이 아니라 소원을 비는 분수 역할만 해주기를 바랐던 것이다.

그들은 갈등을 일으키고 싶지 않았고, 누군가의 기분을 상하게 하는 만들고 싶지도 않았다. 그들은 단지 그들의 옳지 않은 행위를 축복해 주고, 그들이 저지르는 악행을 선하다고 말해줄 영적 지도자를 원했다. 그리고 진리와 적당히 타협하고 사랑으로 모든 죄를 덮어주는 조언을 원했다. 그들은 내게 이런 조언을 듣고 싶었을 것이다. "그렇군요. 사랑이 많은 어머니께서 딸과 함께 병원에 가서 성병 검사와 피임을 위한 조치를 하는 것을 고려해 보시죠. 혹시 남자친구를 마주치게 되면 남편과 당신이 딸을 얼마나 아끼는지 말해 주시고, 하지만 남자친구의 나이와 경험을 존중한다고 말해 주세요. 부모님이 준비한 콘돔 패키지를 선물로 받아줄 수 있느냐고도 물어 보시고요. 그러면 부모로서 할 수 있는 조치를 다한 샘이지요."

얼마나 터무니없는 조언인가? 기획사는 존과 내게 "동전 몇 푼 던져 줄 테니 사람들의 소원을 들어 주세요. 그들의 죄를 축복하고 자기 자신에 대해 더 좋게 느끼도록 만들어 주세요."라고 주문한 것이다.

많은 그리스도인들이 깊은 우물보다 소원을 비는 분수가 되는 데 안주한다. 또 많은 사람들은 영혼의 깊은 갈망을 외면하고 얕은 조언에 귀를 기울인다. 그러면 그들은 인생을 돌아보면서 다음의 후회를 남기게 될 것이다.

이 말은 하지 말걸 하고 후회한다.

그 행동은 하지 말걸 하고 후회한다.

그와 결혼하지 말걸 하고 후회한다.

그와 결혼할 걸 하고 후회한다.

학교에 진학할 걸 하고 후회한다.

친구를 더 만들 걸 하고 후회한다.

다른 누군가처럼 보이기를 바란다.

이것을 사지 말걸 하고 후회한다.

저것을 살 걸 하고 후회한다.

기도를 더 할걸 하고 후회한다.

성경을 더 읽을 걸 하고 후회한다.

좀 더 절제할 걸 하고 후회한다.

좀 더 참을 걸 하고 후회한다.

속임수의 위험성

아무도 자신을 속이지 말라 너희 중에 누구든지 이 세상에서 지혜 있는 줄로 생각하거든 어리석은 자가 되라 그리하여야 지혜로운 자가 되리라 이 세상 지혜는 하나님께 어리석은 것이니 기록된 바 하나님은 지혜 있는 자들로 하여금 자기 꾀에 빠지게 하시는 이라 하였고 또 주께서 지혜 있는 자들의 생각을 헛것으로 아신다 하셨느니라(고전 3:18-20)

성경은 "아무도 자신을 속이지 말라"고 말한다. 왜 우리는 모두 자기 자신을 속일까? 속임수는 일, 사람, 환경, 조언 등의 진실을 왜곡한다. 그래서 하나님께 순종하는 것을 율법주의적인 구속으로 보이게 하고, 영혼의 원수가 친구처럼 보이게 하며, 악을 선으로, 선을 악으로 보이게도 한다. 속임수는 모든 것의 경계를 불분명하게 만들어서 결국 우리가 무엇을 믿어야 할지 확신할 수 없게 만든다. 하나님은 우리가 이런 상황에 처하게 될 것을 미리 아셨다. 그래서 시간이 흐르고 인간의 문화와 정서가 바뀌어도 변하지 않을 절대적 기준을 주신 것이다. 그 기준이 바로 하나님의 말씀이다. 경건한 사람은 이 기준을 지키는 사람이다.

선택은 우리 손에 달려있다. 이 세대의 지혜를 원하는가? 아니면 영원한 지혜를 원하는가? 피조물이 창조주보다 지혜롭다고 생각하면 자기기만에 빠진다. 우리가 처한 환경이 경계가 흐려지고 혼탁해질 때 오직 하나님의 말씀만이 그것을 깨끗하게 할 수 있다.

또한 성령님의 인도가 없다면 우리는 어리석음을 지혜라고 부르는 실수를 저지른다. 그분의 인도하심이 없다면 우리는 그릇된 신념에 빠져 비열함과 교활함을 솔직함과 정직으로 착각하게 된다. 우리는 뱀의 지혜가 교묘하고 포장되어 있었다는 사실을 잊지 말아야 한다. 교묘함은 목적을 숨기고 거짓말로 추종자들을 꾄다. 뱀은 아담과 하와에게 자신이 같은 편이며 그들의 사정을 잘 아는 것처럼 교묘하게 다가갔다. 친구 행세를 하면서 아담과 하와에게 선악을 구별하게 되면 하나님과 같아진다고 넌지시 일러줬다. 아담과 하와는 뱀의 말에 귀가 솔깃해졌다. 그래서 뱀이 아니라 하나님이 거짓말을 하셨다고 믿기로 했다. 성경은 우리에게 이렇게 경고한다.

사람은 다 거짓되되 오직 하나님은 참되시다 (롬 3:4)

회개를 통해서만 속임수에서 벗어날 수 있다. 우리에게는 지혜가 없음을 인정하고 지혜로우신 하나님 앞에서 우리 자신을 낮춰야 한다. 진정한 회개는 거짓에서 돌아서서 진리를 붙드는 것이다.

사탄의 교묘한 약속이 오늘날 이 땅에 가득 울려 퍼지고 있다. 오래전 에덴동산에서 뱀이 아담과 하와에게 한 말은 하나님의 명령보다 친절하고 부드러우며 관대하게 들렸다. "선악과를 먹으면 죽으리라"는 말씀과 "먹으면 지혜로워진다"는 말 중에 무엇이 더 듣기 좋은가? 뱀은 인간의 교만과 어리석음을 이용한다. 자신이 지혜롭다고 믿고 싶지 않은 사람이 어디 있는가? 그래서 뱀은 우리에게 아첨을 한다. 하지만 진실을 말하자면 그리스도 밖에는 참된 지혜가 없다. 그리스도가 없이 우리가 얻는 통찰은 일시적이며 허무한 것이다.

> 그러나 성령이 밝히 말씀하시기를 후일에 어떤 사람들이 믿음에서 떠나 미혹하는 영과 귀신의 가르침을 따르리라 하셨으니 (딤전 4:1)

미혹하는 영은 하나님의 말씀을 떠나서도 살 수 있다고 말한다. 또 우리가 사는 시대는 하나님이 말씀하시던 과거와 많이 다르다고 속삭인다. 미혹하는 영은 에덴동산에서 뱀이 그랬듯 하나님의 말씀을 듣지 말고 너 자신이 신이 되라고 말한다. 현대의 많은 사람들은 이런 말을 대수롭지 않게 받아들인다. 하지만 이것은 우리의 목숨을 노리는 미혹하는 영과 마귀의 치밀한 전략이다. 특히 성경은 이러한 시대를 사는 우리에게 강력하게 경고한다.

> 망령되고 허탄한 신화를 버리고 경건에 이르도록 네 자신을 연단하라 육체의

> 연단은 약간의 유익이 있으나 경건은 범사에 유익하니 금생과 내생에 약속이 있느니라 (딤전 4:7-8)

성경이 신화에 대해 '망령되고 허탄하다'고 표현했지만, 판타지 같은 동화나 우화가 아니다. 그것은 우리를 죽이고 훔치고 파괴하기 위해 마귀가 쓴 술책이다. 하나님의 뜻을 벗어난 지혜는 존재하지 않는다. 예수님은 절대로 우리가 듣고 싶어 하는 말만 하시는 분이 아니시다.

우물에서 물 긷기

사람마다 영혼이라는 우물을 가지고 있는데, 우리는 그 우물에서 물을 길어 올린다. 예레미야는 이 우물을 '웅덩이'라고도 불렀다.

> 내 백성이 두 가지 악을 행하였나니 곧 그들이 생수의 근원되는 나를 버린 것과 스스로 웅덩이를 판 것인데 그것은 그 물을 가두지 못할 터진 웅덩이들이니라 (렘 2:13)

영혼의 우물은 아주 얕은 우물부터 상당히 깊은 우물까지 그 깊이가 다양하다. 그런데 우물의 깊이만큼 중요한 것이 있다. 예레미야의 말처럼 웅덩이가 터져있다면 아무리 깊은 우물이라도 물을 가두지 못하기 때문이다. 시간이 흐르면서 우물은 점점 더 깊어지는데 우리는 그 우물 속에 우리의 깊은 갈망과 두려움, 소망을 담는다.

나는 때에 따라 내 영혼의 우물물이 마르기도 하고 흘러넘치기도 하는 것을 느낀다. 우물이 비어 있든, 반만 차 있든, 넘치든 상관없이 물은 항상 그곳에 있다. 고대 시대에는 전쟁이 벌어지면 적군이 우물을 오염시키는 일이 흔했다. 물이야말로 생명의 근원이기 때문이다. 고난의 시기에 영혼의 우물에도 같은 일이 일어날 수 있다. 영혼의 우물이 진흙탕처럼 더러워졌다고 느낄 때마다 나는 찬양을 부른다. 그러면 곧바로 영혼이 상쾌해지고 우물물이 차오르는 것을 느낀다. 뿐만 아니라 말씀을 읽고 기도를 하고 나면 무더운 날 청량한 샘을 양껏 들이킨 듯한 상쾌함을 느낄 수 있다.

과거 있는 여자

누구나 과거가 있다. 이미 지나가버린 시간 속에 살려고 발버둥치는 태도는 위험하다. 우리는 과거의 영광이나 수치 아래 살아서는 안 된다. 현재라는 빛 가운데, 점점 더 밝아오는 미래를 기대하며 살도록 지음 받았기 때문이다. 이것이 바로 의인이 걸어야 할 길이다. 그런데 하나님은 앞을 바라보시고 미래를 선포하시지만, 사람은 이미 지나간 일을 돌아보고 과거에 머물려는 경향이 있다. 그러므로 사람들의 과거사를 들어주는 것도 좋지만, 앞으로 나아가려면 그 사람의 꿈에 대해 아는 것이 더 중요하다.

나는 지금까지 수천 명의 여성들에게 소망을 선포했다. "당신을 향한 사탄의 공격은 과거에 당신이 어떤 사람이었는가가 아니라, 미래에 당신이 어떤 사람이 될 것인가와 더 관련이 있습니다." 이렇게 선포하고 청중의 얼굴이 환하게 빛난다. 내 말을 듣는 순간 청중은 자신들이 써내려갈 이야기가 끝나지 않았음을 깨닫는다. 더불어 원수가 자신을 표적으로 삼았다면 자신을 향한 하나님의 특별한 계획이 있다는 사실을 알아차린다. 기억하라. 원수의 공격은 당신의 미래를 망치기 위한 것이다. 물론 우리가 어떤 선택을 하느냐에 따라 결과는 달라진다.

우리는 뒤를 돌아보면서 과거에 자신이 실수로 일생에 한 번만 열리는 문을 닫아버린 것은 아닌지 전전긍긍하며 후회한다. 하지만 그건 사실이 아니다. 하나의 문이 닫혔더라도 돌아보면 또 다른 문이 우리를 기다리고 있다. 하나님이 우리와 함께하신다면 반드시 우리가 있어야 할 자리로 인도해 주실 것이다. 우리가 물을 얻기 위해 더 깊이 우물을 팔 때, 그분은 항상 옆에 계시면서 우리를 도와주신다. 그런데도 많은 사람들이 얕은 소원을 비는 분수 옆에 앉아 울고 있다.

"그때 그 일을 하지 말걸, 후회가 돼요. 내가 전부 망쳐버렸어요."

절대 그런 일은 불가능하다. 우리의 힘은 모든 일을 망칠 정도로 강하지 않다. 과거 있는 여자라고 해서 미래까지 없는 것은 아니다. 우리의 미래를 주관하시는 분은 오직 하나님뿐이시다. 성 어거스틴은 우물을 깊게 만드는 방법을 알려준다.

일어서고 싶은가? 우선 내려가라. 구름 위로 솟아오르는 탑을 쌓고 싶은가? 먼저 겸손의 토대를 쌓아라.

예수님은 가장 낮은 곳에서 우리를 만나기를 기다리고 계신다. 우리는 구원받는 순간에는 예수님을 만나는 것이 아니다. 예수님은 항상 우리와 함께하시면서 우리 의 우물이 깊어지도록 곁에서 도우신다.

생명의 물

우리는 이 세상에서의 삶이 끝난 후에 "잘 했다"well done는 칭찬을 듣기를 소망한다. 여기서 '잘'well이라는 말은 '완벽하게 해내는'이란 뜻이 아니라 건강함을 의미하는 단어로, 실패하고 넘어지더라도 매번 우뚝 일어서는 것을 의미한다. 우리는 넘어질 때마다 다시 일어나야 한다. 그러면서 깊이가 생긴다. 이에 대해 잠언 24장 16절은 이렇게 말한다.

대저 의인은 일곱 번 넘어질지라도 다시 일어나려니와

넘어졌다가 일어나서 엉망진창인 자신을 보면서 의기소침해 할 필요가 전혀 없다. 악인은 다시 일어날 수 없도록 영원히, 치명적으로 넘어질 것이기 때문이다.

악인은 재앙으로 말미암아 엎드러지느니라

탁월하고 은사가 충만했던 두 지도자가 비슷한 방식으로 넘어지고 엎드러진 일이 있었다. 그런데 두 사람은 정반대의 회복 과정을 보여주었다. 한 목회자는 넘어진 후에 교회 위원회의 징계를 모두 받아들였다. 그와 그의 가족은 모든 것을 내려놔야 했고, 오랫동안 살았던 도시와 자신이 개척한 교회를 뒤로 하고 떠나야 했다. 익숙한 곳을 떠난 목회자 가정은 치유 과정을 도와줄 새로운 교회에서 새 출발을 했다. 징계가 너무 가혹하고 자신이 부당한 대접을 받았다고 느낀 적도 분명히 있었을 것이다. 전해 듣기로 그 목회자는 친구라고 생각했던 사람들에게도 무시를 당했다고 한다. 사람이 하는 일에는 언제나 오류가 있게 마련이다. 하지만 그 목회자 가정은 반격하려는 마음을 내려놨다. 그리고 뒤를 돌아보는 대신 앞을 보고 나아갔다.

시간이 흐른 뒤 존이 안식년 기간에 그 목회자를 만나 함께 식사를 했는데, 그 목회자 부부는 건강하게 온전한 결혼생활을 누리며 자녀들도 잘 자라고 있었다. 그 부부는 현재 미국의 대규모 교회 개척 기관과 긴밀하게 협력하며 사역을 하고 있다. 그들은 잘못을 통해 자신들이 깨달은 교훈을 나누면서 다른 목회자들의 치유 과정도 돕고 있다. 예전에도 이 부부를 좋아했지만 갈수록 존경심이 든다. 그 부부가 넘어진 자리에 계속 머물러 있지 않았다는 사실이 놀랍다. 그들은 일어나고 또 일어났다. 어려운 일이었을 텐데도 묵묵히 앞으로 나아갔다.

한편, 또 다른 목회자와 그의 아내는 사뭇 다른 길을 선택했다. 일이 벌어진 초기에 존이 그 목회자와 문자로 대화를 나눈 적이 있다. 존은 그들을 격려했지만 역경이 찾아오자 그 부부는 하나님의 길에서 벗어나는 선택을 했다. 그들은 다른 목회자들이 자신들에게 비합리적인 요구를 하면서 부당하게 대했다고 주장했다. 어느 정도는 그 말이 사실이었는지 모른다. 하지만 비극은 부부가 공격적으로 반응하면서 더 깊은 수렁으로 빠져들었다는 것이다. 두 사람은 부당한 대우를 받는 일에 관한 한 전문가가 되었다. 하지만 안타깝게도 하나님의 어떤 교훈도 듣지 못했다.

어떤 사람들은 넘어질 때 인생의 교훈을 얻을 기회가 아니라 종신형을 받았다고 여긴다. 그러나 그렇지 않다. 우리는 사는 동안 반드시 역경을 만나게 된다. 여기에 예외가 없다. 차이가 있다면 그때에 그들이 어떤 반응을 선택하느냐이다. 언젠가 나는 시험이 너무나 고통스러워서 평생 잊지 못할 것이라고 생각했던 적이 있다. 그런데 지금은 그 고통에 대해 거의 기억나지 않는다. 왜일까? 고통을 딛고 일어난 후 계속 앞으로 걸었기 때문이다. 물론 걷는 동안 또 다른 역경이 나를 불러 세웠다. 삼십 대에는 절대 다시는 일어설 수 없으리라 생각했던 시험도 여러 번 겪었다. 그런데 그 덕분에 지금 나는 풍성하고 충만한 오십 대를 보내고 있다.

잘 했다

'well'이 가진 또 다른 의미는 '우물'이다. 우물은 샘이나 분수처럼 물이 흘러나오는 근원을 뜻한다. 우물에서 힘과 생명을 길어 올릴 때 우리는 다른 사람들의 생기를 되찾아주는 근원이 된다. 생수가 든 깊은 우물은 그 근원이 마르지 않는다. 깊은 우물의 근원은 하나님은 측량할 수 없이 신실하시기 때문이다.

'잘 했다'well done는 말에서 '했다'done의 핵심은 일을 제대로 마무리했다는 뜻이다. 성경에는 잘 끝낸 일과 잘 끝내지 못한 일에 대한 비유가 가득하다. 오랜 세월에 걸쳐 거대한 선박을 건조한 노아, 엄청난 실수를 저질렀지만 신령한 힘을 극적으로 회복한 삼손, 그리스도를 부인했던 베드로, 그리스도를 박해하던 바울의 이야기를 떠올려 보라. 비용을 계산하지 않고 공사부터 시작한 한 남자에 대한 비유도 있다. 이 남자는 처음에는 기초를 잘 쌓았지만 일을 끝맺지 못해 비웃음의 대상이 되었다눅 14:27-29. 또한 주인에게 금 한 달란트를 받은 종의 이야기도 있다. 종은 땅을 파고 주인이 돌아오기까지 돈을 감추어 두었다. 결론적으로 주인은 이 종을 악하다고 책망하고 바깥 어두운 데로 내쫓았다마 25:14-30.

이 모든 이야기는 우리에게 무엇을 말하고 있는가? 궁극적으로 중요한 것은 경주의 속도가 아니라 경주를 어떻게 끝내느냐이다. 우리가 끈질기고 신실하게 순종한다면 순간적으로 열정을 불태우는 사람에게서 반드시 승리를 거둘 것이다. 도중에 넘어지고 엎드러질 수도 있다. 그래도 벌떡 일어나 올바른 방향을 향해 나아간다면 하나님이 마침내 그분의 집으로 우리를 인도하실 것이다.

나눔 질문

1. 하나님은 현재 당신의 삶에서 어떤 영역을 기경하고 계신가?

2. 깊은 우물 같은 사람이란 어떤 사람을 말하는가?.

3. 당신의 우물은 어떤 상태인가?

4. 그 우물을 더 깊게 하기 위해 할 수 있는 것은 무엇인가?

9장

경쟁상대가 없는
하나님의 자녀

9장

경쟁상대가 없는
하나님의 자녀

독재자는 숨을 거둘 때 지배가 끝나지만, 순교자는 숨을 거둘 때 지배가 시작된다.
- 쇠렌 키에르케고르(Søren Kierkegaard)

여기 한 여인이 있다. 이 여인은 세상에서 가장 권력이 강하고 포악한 지배자의 명령을 거역했다. 그녀는 복음을 담대하게 전했고, 그 대가로 매질을 당하기도 하고 재물로 회유를 당하기도 했으며, 인간의 머리로 상상할 수 있는 온갖 고문을 당했다. 하지만 그녀는 주님 앞에서 흔들리지 않았다. 여인은 감옥에 갇혀 있었지만, 그녀의 영향력은 한계가 없었다. 그리고 결국 혼자가 되었지만 전혀 외로워하지 않았다. 여인은 사도의 한 사람이 되었는데, 초대 교회를 연구하는 학자들은 표적과 기사에서 이 여인에 필적할 만한 사람이 거의 없다고 말한다.

이 쯤 되면 "도대체 이 여인이 누구지?"라는 의문이 들 것이다. 나도 얼마 전에야 이 여인에 대해 알게 되었다. 나는 최근에 시간에 묻혀 잊

혀져버린 이 여인에 관해 들을 기회가 있었는데, 그 후 그녀에 대해 더 알고 싶은 생각이 들었다. 그래서 교회사 자료들을 찾아보기도 하고, 성서학자들에게 전화를 걸어 물어보기도 했다. 또 인터넷 자료를 검색하고 관련 서적도 구입했다. 여기에 내가 찾은 그녀에 대한 이야기를 나누고 싶다.[1]

정식으로 소개하자면 그녀의 이름은 그리스어로 포티나Photina다. 포티니Photini라고도 부르는데, '깨달은 자'라는 뜻이다. 포티나라는 이름은 그녀가 세례를 받은 후에 얻은 이름이다. 포티나는 오순절에 성령님이 강하게 역사하실 때 마가의 다락방에 있었다. 불의 혀가 다락방에 모인 사람들에게 임하자 그들은 성령으로 충만해졌으며 다른 언어로 말하기 시작했다. 그날 포티나는 세상 끝까지 복음을 전하라는 사명을 받았다.

그녀는 평생 살던 곳을 떠나 멀리 아프리카까지 복음을 전하러 갔다. 이때 그녀의 가족도 함께 갔는데, 그녀의 아들과 다섯 자매들까지 예수님을 구주로 받아들였기 때문이었다. 그들은 사도행전 1장 8절의 예수님의 명령에 순종하여 땅 끝으로 간 것이다. 아프리카에서 복음을 전한 결과 특히 카르타고에서 놀라운 열매를 거두었다. 당시 로마의 황제였던 네로는 전 제국에서 기독교인들을 잡아들여 핍박했는데, 이 미치광이 황제의 귀에도 포티나의 소식이 전해졌다. 이 때문에 포티나가 하나님께 지혜를 구하자, 예수님이 꿈에 나타나셔서 로마로 가 네로 황제 앞에 서라고 말씀하셨다. 네로의 손길이 닿지 않는 곳으로 피해 다닐 것이 아니라 태풍의 눈으로 들어가라는 명령이었다. 포티나와 그녀의 아들,

그리고 그녀의 자매들은 즉시 카르타고의 믿는 기도교인들과 함께 로마 행 배를 탔다.

물론 포티나의 주변 사람들은 만류했다. 이때 포티나의 아들, 빅터는 로마의 장교였는데 그가 로마 장교였던 동료 세바스티안과 나눈 대화다.

"빅터, 자네와 어머니가 그리스도인이라는 걸 알고 있네. 친구로서 하는 말인데 황제의 뜻에 복종하는 게 좋을 걸세. 기독교인들을 밀고하면 밀고자가 그들의 재산을 받을 수 있지 않나. 내가 자네 어머니와 가족에게 사람들 앞에서 예수를 전하지 말라고 편지를 쓰겠네. 남들 모르게 신앙생활을 하도록 말이야." 그러자 빅터가 답했다. "아니, 나도 어머니와 동생처럼 그리스도를 전하려 한다네." 세바스티안이 대꾸했다. "그러면 어떤 일이 닥칠지 알고 있지 않은가?"

사람들에게 복음을 전하면 어떤 화가 닥칠지 뻔히 알면서, 계속 복음을 전할 수 있는 사람이 과연 얼마나 될까? 빅터는 실제로 자신의 사회적 지위를 버리고 어머니, 동생, 이모들이 당하던 고난에 동참했다. 방금 살펴본 글이 실린 문서에 포티나가 네로를 처음 만났을 때의 상황도 묘사되어 있다.

로마인들은 포티니(포티나)가 로마에 와서 활동한다는 소식을 듣고 호기심이 생겼다. 그들은 서로 수군거렸다. "대체 이 여인은 누구인가?" "다른 믿는 자들과 함께 로마에 왔는데 대담하게 그리스도를 전파한다네." 병사들에게 포티니를 황제 앞으로 잡아 오라는 명이 전달됐다. 이런 명령을 예상한 포티니는 병사들이 체포하러 오기 전에 미리 아들 요셉, 다른 신도들과 함께 네로 앞으로 갔다. 황제는 포티니에게 로마에 온 이유를 물었다. 포티니는 "황제에게 그리스도를 전하러 왔습니다."라고 답했다. 그녀는 반미치광이의 로마 황제 앞에서 겁을 먹기는커녕 오히려 황제를 개종시키려 했다!

예상대로 네로는 예수님을 받아들이지 않았고, 그들의 손을 쇠막대로 내리치라는 명령을 내렸다. 호송병이 포티나와 무리를 데려가 무려 세 시간 동안이나 손을 쇠막대로 무자비하게 내리치는 형벌을 집행했다. 하지만 그들은 비명을 지르기는커녕 목소리를 높여 시편을 노래했다. 오히려 고문자들이 매질을 하다가 지쳐 버렸고, 포티나 무리의 손은 전혀 상하지 않았다.

네로는 고문의 효과가 없었다는 보고를 듣자 일단 무리를 옥에 가뒀다. 그는 포티나 무리를 개종시킬 궁리를 하다가 이번에는 친절을 베풀어 보기로 했다. 황제는 큰 연회장에 여섯 개의 보좌를 마련해 놓고 포티나 무리를 앉혔다. 그들 앞에는 로마의 온갖 재물이 쌓여 있었다. 황제는 신앙을 부인하고 로마의 신에게 제물을 바치기만 하면 남은 평생 동안 안락함과 부를 누릴 수 있다고 말했다. 그리고 그들을 설득하기 위해 딸 돔니나를 첩자로 들여보냈다.

돔니나가 기독교인인양 가장해서 포티나의 방에 들어가자 포티나는 그녀를 꼭 안아주었다. 그러면서 그리스도의 사랑과 기적에 대해 이야기를 나눴다. 그런데 포티나와 대화를 나누던 돔니나가 마음을 열고 그리스도를 받아들였다. 두 사람이 대화를 나누던 곳에는 돔니나의 시녀들도 있었는데, 그들마저 그리스도를 구주로 받아들였다. 포티나는 그들에게 준 황제의 재물을 모두 가난한 사람들에게 나눠주었고, 돔니나는 세례를 받고 새로운 이름을 얻었다.

돔니나까지 그리스도인이 되었다는 소식을 들은 네로는 불같이 화를 내며 포티나와 그녀의 자매들, 아들들을 화형에 처하라고 명했다. 이에 네로의 신하들이 큰 용광로를 만들고 그 속에 그들을 던져 넣었지만 아무도 불에 타지 않았다. 그러자 네로는 사약을 내렸다. 그런데 이번에도 포티나 무리는 독을 마시고도 멀쩡했다. 그러자 네로의 명으로 사약을 전달한 신하가 그리스도를 믿는 역사가 일어났다. 이후 포티나 무리는 옥에 갇혔고 3년 동안 매질을 당했다. 또한 괴팍한 황제가 고안한 온갖 모진 고문을 당했다.

황제의 핍박이 심해질수록 포티나 무리의 명성은 높아졌다. 로마에는 그들이 보여주는 놀라운 믿음과 권능에 대한 소문이 파다하게 퍼졌고, 포티나가 갇혀 있던 감방은 예배 장소가 됐다. 로마 시민들은 감방에 정기적으로 찾아와 포티나에게 기도를 받고 복음을 들었다. 무리가 갇혀 있던 3년 동안 그리스도의 복음이 감방에서 로마 전역으로 퍼져 나갔고 수많은 사람들이 복음을 받아들였다.

네로는 감옥에서 벌어지는 일들을 낱낱이 전해 듣고는 그들을 교수

형에 처하라고 명령했다. 단, 포티나는 예외였다. 황제는 포티나를 외롭게 만들어 그녀의 신앙을 꺾을 작정이었다. 포티나는 깊고 어두컴컴하며 메마른 우물에 갇혔다. 전해 내려오는 이야기에 따르면 포티나는 우물에 갇히기 전에 심하게 채찍질을 당했다고 한다. 그렇게 상처 입은 몸으로 마치 무덤과도 같은 우물에 몇 주나 갇혀 있었다. 포티나는 철저히 혼자였다. 암울한 나날이 계속됐고 그녀의 눈에서 눈물이 흘렀다. 하지만 그 눈물은 사랑하는 사람들을 잃은 슬픔의 눈물이 아니라, 그들이 이 세상의 감옥에서 풀려나 천국에 들어간 것으로 인해 기뻐하는 눈물이었다. 나는 포티나에 대한 글을 읽으면서 우물에 갇혀 있던 시기가 가장 힘들었겠다고 생각했다.

포티나의 마지막에 관한 이야기는 정확하지 않다. 어떤 이야기에서는 포티나가 우물에서 숨을 거뒀다고 하고, 또 다른 기록에서는 포티나가 상당 기간 동안 우물에 갇혀 있다가 풀려났다고도 한다. 어떤 이야기가 사실인지는 알 수 없지만, 분명한 건 포티나의 인생은 생수가 흐르는 깊은 우물이어서 수없이 많은 사람들을 마시고 새롭게 되었다는 사실이다.

이 시대의 순교자들

포티나는 그리스도의 증인이자 순교자였다. 그녀는 굳건한 신앙을 소유하고 있었다. 대체로 세상이 그리스도인에게 호의적일 때는 그리스도인의 수가 늘어나지만 진정으로 헌신하는 제자는 고난의 시기에 나온

다. 저명한 가톨릭 역사가 크리스토퍼 헨리 도슨Christopher Henry Dawson
은 이렇게 말했다.²

> 교회는 사형 집행인이 든 막대와 도끼의 그늘 아래서 성장했으며 모든 그리스
> 도인은 신체 고문과 사망의 위협 속에 살았다. 순교는 초대 교회의 전체 세계관
> 을 물들였다. 순교는 두려움이기도 했지만 이상과 소망이기도 했다. 순교자는
> 낡은 사회와의 갈등을 이겨낸 승리자이자, 새로운 사회의 영웅이었다. 시련의
> 순간에 믿음을 저버린 배교자들은 순교자들을 구원자, 보호자로 인식하기까지
> 했다.

우리는 악과 폭력이 만연한 시대에 살고 있다. 세상이 이보다 더 악할 수는 없을 거라고 한탄할 때마다 보란 듯이 더 흉악한 일이 일어난다. 지금 이 순간에도 그리스도인들이 순교를 당하고 있지만, 세상은 분노하기는커녕 무관심하다. 최근 미국에서는 학생들이 신앙 때문에 순교당한 사건이 있었다. 무장한 남성은 그리스도를 구 주로 시인하는 학생들은 머리에, 부인하는 학생들은 다리에 총을 쐈다. 그리고 언론은 이 소식을 증오 범죄가 아닌 총기 규제 문제로 접근하여 보도했다.

성경은 우리에게 이 세상의 지도자에게도 복종하라고 말한다. 그렇지만 그것이 이 세상의 어둠에 대해 침묵하라는 말은 아니다. 포티나도 침묵을 지키지 않았다. 우리는 요한일서 4장 4절 말씀을 기억해야 한다.

자녀들아 너희는 하나님께 속하였고 또 그들을 이기었나니 이는 너희 안에 계신 이가 세상에 있는 자보다 크심이라

믿는 자들을 참수형에 처하는 나라도 있다. 얼마 전 케냐의 한 대학에서 무장한 무슬림들이 기독교인들의 기도 모임에 난입해 모인 사람들을 모두 살해하는 끔찍한 일을 벌였다. 당시 무장 세력은 기숙사와 호텔에서 학생들을 끌어내 총을 겨누고는 신앙에 대해 물었다. 이번에도 용기 있게 그리스도인이라고 시인한 학생들은 총에 맞았다. 150명 가까이가 사망했고, 많은 사람들이 총상을 입었다. 이 일을 벌인 단체는 SNS에 살상 장면을 공개하며 이것은 시작에 불과하다고 했다.[3]

이제 우리도 그리스도를 위해 고통에 참여할 할 때다. 보이지 않는 곳에 숨어서 그분을 부인하지 말고, 누군가 물을 때 언제든지 똑바로 대답할 수 있어야 한다. 사도행전 5장 41~42절에 나타난 제자들의 마음을 우리도 품어야 한다.

사도들은 그 이름을 위하여 능욕 받는 일에 합당한 자로 여기심을 기뻐하면서 공회 앞을 떠나니라 그들이 날마다 성전에 있든지 집에 있든지 예수는 그리스도라고 가르치기와 전도하기를 그치지 아니하니라

그리스도를 믿는다는 이유로 매 맞은 사람을 만난 적 있는가? 그분의 이름을 위하여 받은 치욕을 기뻐하는 사람과 이야기를 나눠 본 적 있는

가? 이들에게서는 신앙의 순결함이 느껴진다. 그들은 내가 절대 이해할 수 없는 은혜의 면류관을 썼다. 그리스도인이 되면 삶이 위태로워지는 지역에서 믿음을 지키는 사람들이 있다. 그들은 거의 매일 위험을 무릅쓴다. 그들의 삶을 보고 있노라면 고린도전서에서 바울이 했던 말이 떠오른다.

> 또 어찌하여 우리가 언제나 위험을 무릅쓰리요 형제들아 내가 그리스도 예수 우리 주 안에서 가진 바 너희에 대한 나의 자랑을 두고 단언하노니 나는 날마다 죽노라(고전 15: 30-31)

현대 교회의 연약함

솔직히 말하면 나는 현대 서구 교회가 무척 걱정된다. 최근 우리 부부는 다른 목회자들과 저녁을 먹으며 대화할 일이 있었다. 목회자들은 성적 부도덕에 대해 교인들에게 경고하는 방법을 서로 나누었다. 교인들은 목회자의 경고를 들으면 변명을 늘어놓기 바쁘다고 한다. 동거하는 커플이 "어차피 결혼할 텐데 지금 같이 살면서 성관계를 갖는 게 잘못인가요?"라고 되묻는 실정이다. 또 다른 목회자는 저명한 교회의 지도자가 아무 이유 없이 아내와의 이혼을 계획하고 있다며 안타까워했다. 그 지도자는 이혼을 하면 일 년 정도는 설교를 할 수 없겠지만 조만간 다시 교단에 설 수 있을 것이라고 생각한다고 했다. 슬프게도 다른 사람들의 시선은 더 이상 우리가 죄를 짓지 못하게 막는 역할을 하지 못한다. 현대 사회에서는 오로지 하나님을 두려워하는 마음을 가져야만 악에서 멀어질 수 있다. 수백 명이 회심한 한 집회에서 영적 지도자가 감격스러웠던 예배가 끝나갈 무렵 일어서더니 모여 있던 사람들에게 하나님은 그들의 행동이 아니라 존재만을 원하신다고 말했다. 과연 그럴까?

예수님은 하나님의 아들로서의 특권을 기꺼이 버리셨다. 나는 예수님이 그런 결단을 내려주신 데 감사드린다. 예수님은 우리를 위해 행동하셨고 고난의 길을 선택하셨다. 예수님은 행동으로 사랑을 보이셨는데 오늘날의 교회에서는 그런 모습을 찾아보기 힘들다.

그 여자의 과거

앞에서 말한 포티나도 처음부터 경건의 삶을 살았던 건 아니다. 그녀에게도 죄악에 깊이 물든 외인이었던 때가 있었다. 율법의 지배 아래에서 과거가 있는 여성은 미래에 대해 어떤 소망도 품을 수 없었다.

우리는 성경에서 포티나의 배경에 대해 살짝 들여다볼 수 있다. 성경에 그녀의 이름은 기록되어 있지 않다. 분명한 것은 그녀는 이혼녀였으며 굴곡진 삶을 살았다. 그래서 그 누구도 그녀가 나중에 성스러운 사역을 하게 될 것을 예상하지 못했다. 그녀는 예수님과 대화할 자격도 없는 사람이었다.

우리는 '깨달은 자', 곧 포티나라는 이름을 얻은 이 여인이 어느 민족인지를 성경에서 찾아볼 수 있다. 이 여인이 예수님을 처음 만난 곳은 사마리아의 한 우물가에서였다. 그곳에서 그녀는 예수님과 개인적으로 대화를 나누었다. 그렇다. 포티나는 바로 사마리아 여인이다. 과거에 남편이 다섯이나 있었던 여인이 나중에는 다섯 자매와 함께 복음 전파에 힘쓰다니 놀랍지 않은가?

나는 늘 사마리아 여인의 이야기를 즐겨 읽었었다. 성경 속 그 여인이 지나온 어두운 과거와 현재 그녀가 처한 현실은 그녀의 마음속에 깊고 어두운 그늘을 드리웠다. 원수는 포티나가 영원히 그 폐허 속에 살기를 바랐다.

요한복음 4장에 기록된 예수님과 사마리아 여인의 대화를 읽으면 마치 나도 그 장소에 함께 있는 듯한 기분이 든다. 제자들은 피곤에 지친 예수님을 우물가에 혼자 두고 먹을 것을 사러갔다. 목자들이 양 떼에 물을 먹이러 올 시간 전이었고, 여인들은 이미 집에서 쓸 물을 길어간 후였다. 이때 예수님과 사마리아 여인이 처음 만나서 어떤 대화를 나눴는지 살펴보자.

> 거기 또 야곱의 우물이 있더라 예수께서 길 가시다가 피곤하여 우물 곁에 그대로 앉으시니 때가 여섯 시쯤 되었더라 사마리아 여자 한 사람이 물을 길으러 왔으매 예수께서 물을 좀 달라 하시니 이는 제자들이 먹을 것을 사러 그 동네에 들어갔음이러라(요 4:6-8)

예수님은 먼 길을 걸어와서 피곤하기도 했고, 특히 바리새인들 때문에 심신이 지쳐 있었다. 예수님이 야곱의 오래된 우물가에 앉아 쉬고 계신 모습이 눈에 선하다. 머리 위로는 한낮에 중동 지역을 달구는 태양빛이 강렬하게 내리쬐었다. 하지만 깊은 우물가에서는 땅 속에서 올라오는 시원한 공기 덕분에 열기를 식힐 수 있었다. 예수님은 유대에서의 사역을 급하게 마무리하고, 흙먼지 날리는 먼 거리를 걸어 사마리아에 이르렀다. 예수님은 종교 지도자들이 세례를 요한의 제자와 예수님의 제자 사이에 숫자 경쟁으로 변질시키는 모습을 보시고는 세례를 그만 두셨다요한복음 1장.

예수님은 흙먼지와 눈부신 태양을 피하기 위해 잠시 눈을 감았다. 고대로부터 전해 내려오는 우물에서 잠시 쉬면서 제자들이 돌아오기를 기다릴 작정이었다. 그때 마음속에서 성령님의 속삭임이 들려왔다. "이 메마른 사마리아 광야로 인도한 목적이 있단다." 예수님의 귓가에 '추수'라는 한 단어가 들려왔다. 이윽고 눈을 뜨자 사마리아의 여인이 홀로 물을 길으러 오는 모습이 보였다.

여인은 커다란 물동이를 들고 왔다. 해질 무렵 다른 여인들이 물을 길으러 올 때 가져 오는 물동이와 비슷했다. 비어 있는 물동이처럼 그 여인의 마음도 텅 비어있었다. 이 여인은 너무나 비참한 상황에 처해 있었기 때문에 일부러 다른 여자들이 몰리는 시간대를 피해서 온 것이다. 성경은 그것을 암시하고 있다.

예수님은 여인을 바라봤다. 여인은 예수님을 발견하자마자 황급히 눈길을 돌렸다. 예수님의 옷차림을 보고 유대인임을 알아차렸던 것이다. 유대인은 사마리아인을 경멸했기 때문에 함께 어울리지 않았다. 모진 풍상을 겪었던 여인은 또 다시 문제에 휘말리고 싶지 않았다. 여인은 경계하면서 우물 반대편으로 가서 물동이를 내려놓고 물을 길을 준비를 했다. 그런데 예수님이 여인에게 말을 거는 게 아닌가? 깜짝 놀란 여인은 고개를 들어 예수님을 멍하니 바라봤다. 그분의 음성에는 여인의 주의를 끄는 뭔가가 있었다. 물을 달라는 말씀은 요청이라기보다 초청에 가까웠다. 그녀는 머뭇거리며 예수님께 말했다.

> 사마리아 여자가 이르되 당신은 유대인으로써 어찌하여 사마리아 여자인 나에게 물을 달라 하나이까 하니 이는 유대인이 사마리아인과 상종하지 아니함이러라(요 4:9)

한번 상상해보라. 유대인은 편견이 강한 사람들이었다. 게다가 상대는 사마리아인일 뿐 아니라 여성이었다. 그런데도 예수님은 물을 청하셨다. 예수님은 여인이 이전에 알던 남자들처럼 그녀를 이용하지 않았다. 그분은 단지 자신에 대해 알려주기를 원하셨다. 어쩌면 예수님도 대화를 하면서 위로를 얻으셨을 것이다. 오만한 종교 지도자들의 위선에 지쳐있으셨기 때문이다.

> 예수께서 대답하여 이르시되 네가 만일 하나님의 선물과 또 네게 물 좀 달라 하는 이가 누구인 줄 알았더라면 네가 그에게 구하였을 것이요 그가 생수를 네게 주었으리라(10절)

여인은 깜짝 놀랐다. 이 사람은 누구이기에 하나님의 선물에 대해 이야기하는가? 여인은 우물을 돌아 예수님 곁으로 왔다. 호기심이 생긴 여인은 예수님에게 생수를 긷는 능력에 대해 물었다.

여자가 이르되 주여 물 길을 그릇도 없고 이 우물은 깊은데 어디서 당신이 그 생수를 얻겠사옵나이까(11절)

여인은 생수라면 분명 우물 깊은 곳에서 길어 올리는 것이라고 생각했다. 여인은 더 자세히 질문을 던졌다.

우리 조상 야곱이 이 우물을 우리에게 주셨고 또 여기서 자기와 자기 아들들과 짐승이 다 마셨는데 당신이 야곱보다 더 크니이까(12절)

이 대목에서 여인이 야곱의 우물을 언급한다는 점이 흥미롭다. 야곱이라는 이름의 의미는 '쫓아낸 자, 속이는 자, 혹은 발꿈치를 잡은 자'다. 하나님은 여자의 후손과 뱀의 후손이 서로 원수가 될 것이라고 예언하시고, 뱀은 여자의 후손의 발꿈치를 상하게 할 것이라고 말씀하셨다. 그런데 하나님은 야곱의 이름을 '하나님의 왕자'라는 뜻의 이스라엘로 바꾸셨다. 이 여인은 갈급한 마음에 여러 남자들을 만났고, 여러 번 속기도 했다. 그런 여인이 야곱의 우물가에서 이스라엘의 평화의 왕과 대화를 나누고 있다니 절묘하지 않은가? 여인의 질문은 어긋났지만 예수님은 무슨 일이 일어나고 있는지 정확히 알고 계셨다. 사실 이 대화는 우물의 상태가 아니라 이 여인의 갈급함에 대한 것이었다. 대화를 하면서 예수님은 자신이 가장 잘 하시는 일을 하셨다. 여인의 내면 깊은 곳에 있는 갈망을 향해 단도직입적으로 들어가셨다.

> 이 물을 마시는 자마자 다시 목마르려니와 내가 주는 물을 마시는 자는 영원히 목마르지 아니하리니 내가 주는 물은 그 속에서 영생하도록 솟아나는 샘물이 되리라(요 4:13~14)

여기서 예수님은 '물을 마시는 자마다'라는 표현을 쓰셨다. 즉 유대인과 사마리아인을 비롯해 과거와 현재에 이 우물을 거쳐 간 모든 사람을 일컫는 말이다. 이 세상의 모든 우물은 갈증을 궁극적으로 해결할 수 없다. 요한복음 4장 13절은 이렇게 말한다.

> 이 물을 마시는 자마다 다시 목마르려니와

오로지 하나님만이 우리의 갈증을 완전히 해소하실 수 있다. 이 땅의 우물은 영원히 샘솟을 수 없다. 또한 원수가 몰래 독을 타거나 더러운 물질로 오염시킬 수도 있다. 게다가 가뭄이 오래 지속되면 말라 버리고 만다. 그런 점에서 율법은 옛 우물과 같았다. 인간이 정한 율법은 오히려 인간에게 치명적인 독이 되기 십상이다. 즉 인간은 자기 손으로 만든 의식과 원칙에 매몰될 수도 있다. 사마리아인의 경우 모세오경만을 지키며, 예배도 자기들의 산에서 따로 드렸다. 그들은 율법의 그늘 아래 있었다. 율법 전체를 지키는 유대인도 크게 다를 바가 없었다. 율법이 궁극적으로 우리의 갈증을 채워주지 못한다는 사실을 이미 입증되었다. 그러므로 율법과 족장의 우물은 우리에게 성령의 생수가 얼마나 필요한지를 더욱 절실하게 알려줄 뿐이다. 율법은 하나님을 우리 손길이 닿지 않는 곳으로 분리시켰다. 그로 인해 결국 예배는 생명의 원천이 아니라 하나의 의식으로 전락해버렸다. 율법 아래에서 하나님은 멀리서 바라볼 뿐 가까이 다가갈 수 없는 존재였다.

그런데 사마리아 여인과 예수님의 만남은 이러한 여러 제약을 깨뜨렸다. 사마리아 여인은 율법을 어기고 남자와 동거하고 있었다. 오늘날처럼 자유로운 교회 분위기에서도 사마리아 여인은 동거녀라는 낙인을 피할 수 없었을 것이다. 하지만 예수님은 수치스러운 겉모습을 보지 않으시고, 그 속에 있는 상한 마음을 살피셨다. 그리고 그 마음을 향해 말씀하셨다.

이 땅을 사는 동안 갈증을 해결하기 위해 물을 길어 나르는 일을 수없이 반복해야 한다. 예수님은 이렇게 채워지지 않는 갈증에 대해 말씀하셨다. 이 여인은 건조하고 메마른 중동 지역에서 자라면서 갈증에 시달렸기 때문에 예수님의 제안이 솔깃했을 것이다. 사랑, 인정, 교제에 대한 갈망을 채워줄 만한 시원한 물은 어디에도 없었다. 말하자면 여인의 영혼은 절박한 탈수 상태였다.

사랑받기를 원하는 것은 잘못이 아니다.

친밀한 사람과 인생을 함께 하기를 원하는 것은 잘못이 아니다.

존엄한 삶을 살기 원하는 것은 잘못이 아니다.

목적이 이끄는 삶을 원하는 것은 잘못이 아니다.

친구를 원하는 것은 잘못이 아니다.

예배의 삶을 원하는 것은 잘못이 아니다.

예수님은 여인의 갈망을 무시하지 않으셨다. 그분은 우리의 갈망도 비웃는 분이 아니시다. 예수님은 여인의 목마름을 채워주시기 전에 먼저 그 목마름의 상태를 인정하셨다. 그리고 그녀에게 막다른 인생이 아닌 영원한 삶을 살라고 제안하셨다. 영혼이 갈급했던 여인은 예수님께 한발 더 다가갔다.

> 여자가 이르되 주여 그런 물을 내게 주사 목마르지도 않고 또 여기 물 길으러 오지도 않게 하옵소서(요 4:15)

여인의 간청 속에서 나는 소망을 발견한다. 그녀의 갈망은 곧 나의 갈망이기도 하다. '예수님, 제발 내 실패를 계속 떠올리게 만드는 곳으로 돌아가지 않게 하소서.' 이 여인처럼 나도 젊을 때 율법을 지키는 일에 번번이 실패했었다. 그녀는 자신이 영원히 목마르지 않을 물을 얻을 수도 없고, 그럴 자격도 없다고 생각했다. 정말 그랬다. 그런 물은 오로지 선물로만 얻을 수 있다.

예수님은 여인에게 생수를 허락하시기 전에 그녀가 자신을 비울 준비가 되어 있는지 알고자 하셨다. 과연 진정으로 모든 것을 버리고 떠날 준비가 되어 있는가? 예수님은 여인이 오랫동안 갈증을 해결해왔던 우물을 언급하셨다. 곧 그녀의 남편이었다.

이르시되 가서 네 남편을 불러 오라(16절)

예수님이 남편에 대해 물으신 것은 여인의 죄를 들추기 위해서가 아니라 여인에게 고통을 안겨주는 진짜 원인을 스스로 찾게 하기 위해서였다. 용감한 여인은 진실을 말하면 랍비가 주는 생수를 얻을 자격을 박탈당할 수 있다는 걸 알면서도 사실대로 말했다.

나는 남편이 없나이다(17절)

남편이 없다고 인정하는 여인의 마음은 무척 무거웠을 것이다. 결혼을 무려 다섯 번이나 실패하다니… 그러나 여인의 인정에는 다른 사람을 향한 비난이나 변명이 없었다. 그저 있는 그대로 자신의 현실을 예수님께 털어놨다.

예수께서 이르시되 네가 남편이 없다 하는 말이 옳도다 너에게 남편 다섯이 있

었고 지금 있는 자도 네 남편이 아니니 네 말이 참되도다(17~18절)

예수님은 진실을 용기 있게 고백하는 사람과 함께하신다. 예수님은 여인의 말에 간략히 덧붙이셨다. 나는 사마리아 여인의 이야기를 읽을 때마다 사람들이 왜 이 여인을 당연히 죄인으로 여기는지 궁금했었다. 사실 우리는 결혼이 실패한 이유가 이 여인에게 있는지 알 수 없다. 당시 율법에는 남편이 아내에게 이혼증서를 써 주고 이혼할 수 있었다. 뒤집어 말하면 율법에서 아내는 자기 마음대로 남편을 갈아치울 수 있는 존재가 아니었다. 여자가 다시 결혼을 하려면 이혼증서가 있어야 했다. 그런 상황에서 다섯 번이나 결혼에 실패했다니 상상이 가는가? 인생이 무참히 깨진 이 여인은 잠자리를 같이 하되 정식으로 남편의 지위에 있지 않은 남자와 함께 살고 있었다. 여인의 영혼이 짓밟혔듯이 그녀의 미래도 아무 소망이 없었다. 요한복음 4장 19절은 이렇게 말한다.

여자가 이르되 주여 내가 보니 선지자로소이다

나는 여인이 예수님을 선지자로 인정한 고백이 얼마나 중요한 의미를 갖는지 최근에야 깨달았다. 여인의 고백은 자신이 알고 있던 모든 것을 벗어난 행위였다. 사마리아인들은 모세만 선지자로 받들었다. 마태복음 10장 41절은 "선지자의 이름으로 선지자를 영접하는 자는 선지자의 상을 받을 것이요"라고 말한다. 여인은 정말로 선지자의 상을 받았다. 살아 있는 진리를 만난 것이다. 여인은 예수님을 선지자로 여기고 어디에서 예배를 드려야 할지 물었다. 여인은 낡은 삶의 방식에 완전히 지쳐 있었다. 그런데 예수님의 답은 여인에게 새로운 시대를 열어 주었다. 예수님은 예배를 장소가 아닌 사람으로 새롭게 정의하신 것이다.

예수께서 이르시되 여자여 내 말을 믿으라 이 산에서도 말고 예루살렘에서도 말고 너희가 아버지께 예배할 때가 이르리라(21절)

다른 번역본에서는 '여자여'라는 말 앞에 '사랑하는'이라는 말을 덧붙이셨다. 다른 말로는 '소중한, 값진, 보배로운'이라고 번역할 수도 있다. 예수님의 이 호칭은 여인의 무너진 마음과 상한 심령을 위로하는 말씀이었다.

어디에 있더라도 하나님이 기꺼이 만나 주신다는 것이 사실일까? 예수님의 말씀이 여인에게 얼마나 놀라운 소식이었을지 생각해 보라. 여인은 사마리아인 사이에서 따돌림을 당했고, 유대인에게는 이방인 취급을 당했다. 하지만 하나님은 여인의 마음을 그분이 거하실 거처로 삼으셨다. 사마리아 여인이 자신을 솔직하게 드러내자 하나님의 아들도 진리를 밝히 드러내셨다. 예수님은 여인을 초청하셨다.

너희는 알지 못하는 것을 예배하고 우리는 아는 것을 예배하노니 이는 구원이 유대인에게서 남이라 아버지께 참되게 예배하는 자들은 영과 진리로 예배할 때

가 오나니 곧 이 때라 아버지께서는 자기에게 이렇게 예배하는 자들을 찾으시
느니라 하나님은 영이시니 예배하는 자가 영과 진리로 예배할지니라 (요 4:22~24)

예수님은 여인이 지켜왔던 전통을 진리의 말씀으로 산산조각 내셨다. 이 랍비의 말이 사실이라면 그녀는 하나님이 찾고 계시는 바로 그 예배자다. 즉 영과 진리로 예배하기를 갈망하는 예배자인 것이다. 오늘날 우리는 매우 자연스러운 것이 당시 사마리아 여인에게는 정말 새로운 것이었다. 어쩌면 '하나님 아버지'라는 표현도 처음 들어 보았을 것이다. 여인이 예배자를 찾으시는 하나님과 만날 수 있는 길이 열렸다. 그 순간 여인은 종교와 영광스러운 소망 사이에서 갈등하고 있었다. 과연 무엇을 믿어야 할지 확신이 서지 않았다. 희망, 혼란, 놀라움으로 마음이 떨려왔다. 여인은 용기를 내서 자신이 확실히 알고 있는 한 가지 사실을 고백했다.

여자가 이르되 메시야 곧 그리스도라 하는 이가 오실 줄을 내가 아노니 그가 오시면 모든 것을 우리에게 알려 주시리이다 (25절)

예수님은 여인의 어린아이와 같은 믿음에 크게 감동하지 않으셨을까? 예수님이 여인의 눈을 가만히 바라보시며 복음의 비밀을 직접적으로 말씀하셨다.

네가 말하는 내가 그라 (26절)

예수님은 여인이 메시아에 대해 품고 있던 소망을 아시고 말씀해 주신 것이다. 간혹 하나님은 우리가 진리에 대해 질문할 때 우리 자신에 대해 말씀해 주신다. 그런데 이것이 해답이 될 때가 많다. 하나님은 우리의 생각을 단번에 폭로하시고 진리의 검으로 쪼개신다. 예수님은 우리의 치부를 들추어내어 부끄럽게 만드는 분이 아니시다. 오히려 우리를 위로하고 격려하시며 바리새인들이 듣기를 거부했던 말씀을 나눠 주신다.

여인과의 대화가 끝나갈 무렵, 우물가로 돌아온 제자들은 예수님이 무시 받아 마땅한 여인과 대화를 나누시는 모습을 보고는 당황했다. 하지만 여인은 제자들의 반응에 개의치 않았다. 하나님이 자신을 이미 받아주셨기 때문이었다. 여기서 눈여겨볼만한 대목이 있다. 제자들 중 누구도 음식을 사러 가는 길에 예수님의 말씀을 들으러 오라고 사마리아인들을 초청하지 않았다는 사실이다. 그러나 예수님에게는 준비된 다른 사자가 있었다. 우물가에서 만난 사마리아 여인은 물동이를 버려두고 사마리아인들을 예수님에게 데려오기 위해 달려갔다.

여자가 물동이를 버려두고 동네로 들어가서 사람들에게 이르되 내가 행한 모든 일을 내게 말한 사람을 와서 보라 이는 그리스도가 아니냐 하니 그들이 동네에서 나와 예수께로 오더라 (28~30절)

이 구절을 자세히 살펴보면 여인이 신중하게 단어를 선택했음을 알 수 있다. 여인은 예수님을 선지자나 유대인이라고 소개하지 않았다. 선지자이자 유대인이라고 알리면 마을 사람들이 거부감을 가질 것을 알았기 때문이다. 사람들을 인도하기 위해 여인은 먼저 자신의 경험담을 들려줬다. 이 현명한 여인은 마을 사람들에게 "와서 들어보라"가 아니라 "와서 보라"고 말했다. 직접 보면 믿을 수밖에 없을 거라는 사실을 알았기 때문이다.

예수님이 진리를 가장 먼저 알려주신 대상은 사람들이 더럽고 천하다고 여기는 여인이었다. 그래서 사마리아 여인의 이야기는 오늘날 우리에게도 큰 감동을 준다. 예수님이 만난 사마리아 여인의 이름은 성경에 기록되어 있지 않다. 그러다 얼마 전 나는 이 여인의 이름이 '깨달은 자'를 뜻하는 포티나라는 것을 알게 됐다. 포티나는 예수님을 만난 날부터 전도하기 시작했고, 단순히 사마리아에서 복음을 전하는 데 그치지 않았다.

포티나의 이야기는 오늘날 우리에게도 용기와 위로를 준다. 여인의 우물은 메말라 있었다. 남편이 다섯이나 있었지만 갈증은 해갈되지 않았다. 그러나 예수님을 만난 이후 모든 것이 달라졌다. 메시아는 여인을 온전히 알고 계셨고, 그럼에도 불구하고 주저하지 않고 사랑해 주셨다. 여인은 경쟁자가 없는 하나님의 유일한 딸로서 그분의 생수를 맘껏 들이켰다. 그리고 전도자이자 사도로서 흔들림 없이 위험 속으로 걸어 들어갔다.

나눔 질문

1. 삶 속에서 하나님의 권능을 깊이 경험한 적이 있는가?

2. 포티나의 이야기를 읽고 어떤 생각이 들었는가?

3. 당신은 깊은 우물 같은 삶을 살고 있는가?

10장

경쟁상대가 없는
삶

10장 경쟁상대가 없는 삶

새로운 목표를 세우거나 꿈을 꾸기에 너무 늦은 때란 없다.
- C. S. 루이스

어느 날 테클라Thecla라는 아름다운 처녀는 우연히 이웃집에서 나는 소리를 듣게 됐다. 바울이 와서 설교하는 소리였다. 그녀는 창가에 걸터앉아 순결과 선행으로 그리스도를 예배하라는 메시지를 들었다. 당시 약혼자가 있었던 테클라는 바울의 설교를 듣고는 파혼하고 여생을 주님의 영광을 위해 살기로 결단했다. 물론 바울은 자신이 테클라에게 어떤 영향을 미쳤는지 까맣게 모르고 있었다. 테클라의 어머니와 약혼자는 파혼을 이유로 바울을 총독에게 고발했고 바울은 즉시 투옥됐다.

슬픔에 잠긴 테클라는 뇌물로 써서 감옥에 있는 바울을 찾아갔다. 그리고 바울에게 직접 복음을 들었다. 가족들은 딸과 바울을 총독에게 데려갔는데, 바울은 채찍을 맞고 도시 밖으로 추방당했고, 딸에게는 사형

이 언도되었다. 특히 로마 당국은 본보기로 삼기 위해 테클라를 화형시키기로 했다.

테클라가 처형당하던 날, 바울과 성도들은 도시 바깥에 있는 카타콤에 모여 간절히 기도를 드렸다. 그런데 화형대에 묶인 테클라에게 집행인이 불을 붙이자 갑자기 영문을 알 수 없는 사나운 폭풍이 일어나 억수같은 비를 퍼부었고 불길이 사그라들었다. 덕분에 테클라는 목숨을 건질 수 있었다. 당국은 그리스 신들이 조화를 부렸다고 생각해서 테클라를 도시 바깥으로 쫓아냈다. 그후 테클라는 추방된 다른 성도들과 바울을 따라 안디옥으로 갔다.

그들이 안디옥에 들어갔을 때 도시의 거물인 알렉산더가 테클라의 미모에 반했다. 그는 바울에게 돈을 주고 테클라를 사려고 했지만 바울은 이를 거절했다. 그러자 그는 그녀를 완력으로 취하려 했고 저항하는 과정에서 알렉산더의 월계관 잎이 떨어지고 말았다. 테클라는 공개적으로 알렉산더에게 거부 의사를 밝히고 하나님의 여종에게 감히 손을 대지 말라고 명령했다. 분노한 알렉산더는 테클라를 안디옥의 총독에게 끌고 갔다. 테클라는 알렉산더로부터 도망치려다가 의복을 훼손했다는 사실을 인정했고 또 다시 사형을 언도받았다. 처형은 이튿날로 정해졌는데, 이번에는 맹수에게 공격을 당하는 형벌을 받게 되었다.

안디옥의 여인들은 테클라의 재판이 불공정하게 진행됐다면서 분노했다. 귀족 출신의 한 로마 여성은 테클라를 보호하기 위해 그녀를 감방 대신 자기 집에서 머물게 해달라고 요청했고, 덕분에 테클라는 처형 전까지 그녀의 집에서 다른 여성들과 교제를 나눌 수 있었다. 이튿날 테클라는 결박당한 채 경기장으로 끌려 나왔다. 테클라를 돌봤던 귀족 여인의 눈에서는 비통한 눈물이 흘러 내렸다. 집행인이 테클라의 옷을 벗겨 사자와 곰이 우글거리는 경기장으로 내보내자 군중은 한껏 흥분해서 함성을 질렀다. 테클라에게 처음 다가온 짐승은 암사자였다. 그런데 이 암사자가 테클라를 공격하기는커녕 등을 돌려 테클라를 방어하는 자세를 취했다. 곰이 달려들었지만 암사자에게 죽임을 당했다. 다음으로 수사자도 달려들었지만 이번에도 암사자가 그녀를 보호하기 위해 싸웠다. 결국 사자 두 마리가 한 데 엉켜 싸우다가 모두 죽고 말았다. 사자 두 마리의 사체가 테클라의 발치에 놓이자 다른 맹수들은 웅크리고 앉아 그녀를 공격하기를 거부했다. 시끌벅적하던 경기장에 하나님에 대한 두려움이 엄습했고, 군중은 찬물을 끼얹은 듯 잠잠해졌다. 그때 테클라는 목소리를 높여 담대하게 기도를 드렸다.

　마침내 총독이 일어나 경기를 중단시켰다. 총독은 이 여인이 누구이며, 그녀의 권능이 어디에서 왔는지를 물었다. 테클라는 "저는 살아계신 하나님의 여종이며, 하나님이 보내신 외아들 예수 그리스도를 믿습니다. 그분만이 구원의 길이시며 영원한 생명이십니다. 누구든 그분을 믿지 않는 자는 영원한 죽음을 맞을 것입니다."라고 증거 했다. 총독은 여인에게 옷을 입히고 풀어주라고 명령했다. 이 날 수백 혹은 수천의 군중이 그리스도를 영접했다. 초대 교회의 기록에 따르면 안디옥의 여인들은 도시가 진동하도록 한 목소리로 하나님을 찬양했다고 한다. 테클라

는 90세가 넘도록 장수했으며 숨을 거두는 순간까지 복음을 전했다.[1]

담대한 삶

무엇이 테클라를 그토록 담대하게 만들었을까? 테클라는 옷이 벗겨졌어도 수치스러워하지 않았다. 십자가에 달리신 예수님을 떠올렸기 때문이다. 그녀는 믿은 지 얼마 되지 않는 새 신자였다. 그럼에도 권능을 가지고 그리스도의 대사로서의 역할을 멋지게 감당했다. 오히려 테클라가 옷을 갖춰 입고 연단에 서서 설교를 했다면 대중은 그것을 거부했을 것이다. 그런데 담대한 하나님의 딸은 잔인한 경기장에서 벌거벗은 몸으로 맹수들에 둘러싸여 수많은 사람을 주님께로 인도했다. 나는 테클라의 이야기를 읽고 하와가 미소 짓는 모습을 상상해 보았다. 사라도 미소 지었으리라 확신한다. 하와는 안전한 에덴동산에서 영적 싸움에 패배했다. 반면 예수님의 피로 거듭난 딸은 살의가 가득한 경기장에서 여러 번이나 승리를 거두었다!

나는 테클라의 유산이 우리의 삶에도 이어지기를 바란다. 오늘날 우리는 인류 역사상 그 어느 때보다 성경에 대해 잘 알고 있다. 하지만 그 지식이 우리를 어디로 인도하는가? 성경에 대한 정보가 넘쳐나지만 삶의 변화는 일어나지 않는다. 오히려 많은 영역에서 하나님의 말씀과 성령님의 인도하심이 인간의 지식과 재능으로 대체되고 있다. 나는 그런 모습을 보고 있노라면 두려움마저 든다. 우리는 초대 교회 성도들의 담대한 믿음과 기도를 회복해야 한다.

주여 이제도 그들의 위협함을 굽어보시옵고 또 종들로 하여금 담대히 하나님의 말씀을 전하게 하여 주시오며 손을 내밀어 병을 낫게 하시옵고 표적과 기사가 거룩한 종 예수의 이름으로 이루어지게 하옵소서 하더라(행 4:29-30)

초대 교회의 이 기도는 어떤 결과를 낳았는가?

빌기를 다하매 모인 곳이 진동하더니 무리가 다 성령이 충만하여 담대히 하나님의 말씀을 전하니라(행 4:31)

우리는 하나님의 말씀을 어떤 방해에도 굴하지 않고 담대하게 선포해야 한다. 테클라가 겪었던 고난은 사실 우리가 마주치는 어려움과 크게 다르지 않다. 테클라가 주변인의 기대를 벗어나 구별된 삶을 살기로 결단하자 사람들은 분노했다. 가족들은 테클라를 막아섰고, 정부는 법으로 그녀의 신앙을 제지하려 했다. 남자들은 강제로 그녀를 취하려 했으며 억누르려 했다. 그런데 이 와중에서도 테클라는 진정한 자유를 누렸다. 테클라는 자신의 정체성을 똑바로 알고 있었기에 죽음까지도 그녀에게 영향을 미치지 못했다. 진정으로 그녀는 지극히 높으신 하나님의 여종이었다.

경쟁하지 않는 삶

우리는 시시각각 급변하는 시대에 살고 있다. 이럴 때일수록 자신의 정체성과 자신이 누구에게 속해 있는지 똑바로 알아야 진리에 설 수 있다. 우리는 경쟁하지 않는 삶을 살기로 선택한 사람들이다. 이런 삶은 오로지 성령님에 의해서만 가능하다.

> 이것이 우리가 선택한 삶, 곧 성령의 인도를 받는 삶이니, 그 삶을 그저 머릿속 사상이나 마음속 감정으로 여기지 말고, 그 삶에 담긴 뜻을 우리 삶 구석구석에 힘써 적용하십시오. 마치 우리 가운데 누구는 더 낫고 누구는 모자라기라도 한 것처럼 비교하지 말아야 한다는 뜻입니다. 우리에게는 살면서 해야 할 훨씬 흥미로운 일들이 많습니다. 우리는 저마다 하나님의 독특한 작품입니다(갈 5: 25-26, 메시지 성경)

다시 이 책의 첫 장을 상기해 보기 바란다. 유일하고 특별하게 창조된 당신은 성령님과 동행하는 삶을 살 때 다른 사람과 비교하지 않는 하나님의 자녀로 살 수 있다. 하늘에 계신 아버지는 당신이 이 세상에 태어나기 훨씬 전에 이미 당신의 인생을 세세히 기록하셨다. 다른 누가 그 이야기책의 주인공이 될 수 없다. 오직 당신만이 그 삶을 살 수 있다. 만약 당신이 다른 사람과 경쟁하며 그들처럼 산다면 하나님이 당신만을 위해 계획하신 일을 성취하실 수 없다. 다시 말하지만 우리는 다른 사람과 경쟁하지 말고 성령님이 이끄시는 대로 자신만의 인생을 살아야 한다. 또한 우리가 하나님께 순종할 때 하나님은 우리의 인생을 향한 하나님의 특별한 계획을 구체적으로 알려 주신다.

당신의 인생과 잠재력은 하나님이 맡겨주신 것이다. 당신 안에는 말할 수 없는 보물이 숨겨져 있다. 그런데 다른 사람들의 기대와 경쟁 때문에 그 보물을 땅에 묻어버린다면 얼마나 안타까운가? 당신은 이 땅에 구경꾼으로 온 것이 아니다. 당신의 인생에는 성취해야 할 신나는 일이 있다.

지금 이 순간은 오롯이 당신의 것이다. 반대로 말하면 그 누구도 내일을 보장받지 못했다. 당신이 지금 내리는 선택은 당신의 인생을 한 순간에 헛되게 만들 수 있는 힘을 가지고 있다. 또한 그 선택에 따라 하나님이 당신에게 주신 약속은 열리지 못하고 계속 덮여있는 책이 될 수도 있고, 다음 장으로 책장이 넘어갈 수도 있다. 바울이 갈라디아에 보내는 메시지를 들어 보라.

> 여러분 자신이 어떤 사람이며 여러분에게 맡겨진 일이 무엇인지 조심스럽게 살핀 다음에, 그 일에 몰두하십시오. 우쭐대지 마십시오. 남과 비교하지 마십시오. 여러분은 저마다 창조적으로 최선의 삶을 살아야 할 책임이 있습니다(갈 6:4-5절, 메시지 성경)

자신이 누구인지 깨닫지 못하는 사람은 다른 사람들의 눈치를 살피다 인생을 허비할 것이다. 그러므로 자신에게 주어진 특별한 인생을 완주하려면 반드시 먼저 자신이 누구인지 알아야만 한다.

> 그런즉 너희가 어떻게 행할지를 자세히 주의하여 지혜 없는 자 같이 하지 말고 오직 지혜 있는 자 같이 하여 세월을 아끼라 때가 악하니라(엡 5:15-16)

한편, 우리는 시간을 아껴야 한다. 그렇지 않으면 주변의 요구와 흥밋거리에 휩쓸려 세월을 그냥 흘려보내고 말 것이다. 잠시 책을 덮고 연필과 종이를 꺼내라. 자신이 지혜롭게 쓰고 있는 시간은 언제이며, 반대로 어리석게 쓰고 있는 시간은 언제인지 적어 보라.

당신의 시간을 당신의 꿈과 연결 지으라. 경쟁상대가 없는 하나님의 자녀에게 인생은 결코 따분하거나 평범하지 않다. 당신은 어떤 일에 열정을 품고 있는가? 혹시 열정을 잃어버렸다면 다시 열정을 찾기 위해 하나님 앞으로 나아가라.

꿈을 꾸기에 나이가 많다거나, 어리다거나, 가난하다거나, 재산이 많다거나, 많이 배웠다거나, 못 배웠다는 핑계는 사실이 아니다. 사실 나는 내가 이제 인생의 오르막길이 아니라 내리막길을 걷고 있다고 생각했었다. 그러다 얼마 전 성령님의 책망이 들었다. "젊은 사람들과 경쟁하지 말고 너는 계속 앞으로 나아가렴. 그들은 너를 밀치지 않고 밀어 올려줄 거란다."

하나님은 한 번도 내게 고개를 숙이라는 말씀하신 적이 없다. 그분은 한결같이 높은 곳을 바라보라고 말씀하신다. 그때 우리는 그분의 영광을 볼 수 있다.

하나님은 하나님의 유일한 자녀인 당신이 당신의 원래 임무를 발견하기를 간절히 바라신다. 이 책을 쓰면서 사실 나는 우리가 사는 이 시대는 경쟁상대가 가득하다는 사실을 더욱 더 실감했다. 그런데 우리와 다른 시대를 살았던 바울이 아끼던 교회 역시 오늘날과 비슷한 문제로 씨름했다.

> 내가 하나님의 열심으로 너희를 위하여 열심을 내노니 내가 너희를 정결한 처녀로 한 남편인 그리스도께 드리려고 중매함이로다 그러나 나는 뱀이 그 간계로 하와를 미혹한 것 같이 너희 마음이 그리스도를 향하는 진실함과 깨끗함에서 떠나 부패할까 두려워하노라 만일 누가 가서 우리가 전파하지 아니한 다른 예수를 전파하거나 혹은 너희가 받지 아니한 다른 영을 받게 하거나 혹은 너희가 받지 아니한 다른 복음을 받게 할 때에는 너희가 잘 용납하는구나(고후 11:2-4)

이 구절이 메시지 성경에는 다음과 같이 기록되어 있다.

> 내가 여러분을 몹시 걱정하고 있다는 사실이 나를 당황스럽게 합니다. 이것은 내 안에서 타오르는 하나님의 열정이나 다름없습니다! 나는 여러분을 그리스도와 결혼시키려 했고, 여러분을 순결한 처녀로 신랑 되시는 그리스도께 소개했습니다. 이제 내가 걱정하는 것은, 하와가 뱀의 번지르르한 재잘거림에 속아 넘어간 것처럼, 여러분도 유혹을 받아 그리스도를 향한 수수하고 순결한 사랑에서 멀어지고 있다는 점입니다. 어떤 사람이 나타나서 우리가 전한 것과 상당히 다른 예수 – 다른 영, 다른 메시지 – 를 전하는데도, 여러분은 그를 잘도 용납하

는 것 같습니다.

지금부터 내 말을 할머니의 조언으로 들어줬으면 좋겠다. 당신은 적당히 만들어진 존재가 아니다. 창조주 하나님은 우리 DNA에 그분의 형상을 각각 다르게 심으셨다. 오로지 당신만이 그분의 사랑과 영광을 당신만의 방법으로 표현할 수 있다. 그리고 그 열매와 보상은 영원히 당신 것이다.

영원의 면류관

이 책을 시작하면서 우리가 누구이고, 하나님이 누구신지에 대해 알아봤다. 이제 이 책을 마무리하면서 우리가 무엇을 받았는지에 대해 살펴보고자 한다. 하나님은 우리가 거룩한 하나님의 본성에 참여하게 만드셨다. 그런데 그 외에도 우리에게 놀라운 선물들을 주셨다.

나는 한나 허나드Hannah Hurnard가 쓴 『나의 발을 사슴과 같게 하사』라는 책을 즐겨 읽는다. 20대에 그 책을 처음 읽었는데 지금까지도 곁에 두고 있을 정도다. 아이들이 어릴 때도 자주 들려줬고 나도 필요할 때마다 다시 꺼내 읽는다. 이 책에 나오는 우화에서 겁 많고 어린 여주인공은 집을 떠나서 완벽한 사랑이 두려움을 몰아내는 높은 곳을 향해 길을 떠난다. 길을 가는 동안 주인공은 온갖 우여곡절과 시련을 겪는다. 주인공은 들른 곳마다 제단을 쌓고 기억의 돌을 하나씩 챙겨 가방 안에 넣는다. 하지만 어느 시점이 되자 목적지는 멀게만 느껴지고 낙심한 주인공은 모아온 기억의 돌들을 내던져버리고 싶은 유혹을 느낀다. 하지만 주인공은 고민 끝에 그냥 돌을 간직하기로 한다. 목적지에 도착했을 때 기억의 돌들은 면류관을 장식하는 보석으로 변한다. 돌을 버리지 않은 건 정말로 잘한 결정이었다.

학자들에 따르면 성경에는 다섯 가지 면류관이 나온다.[2] 첫 번째, 의의 면류관은 우리의 죄와 수치를 그리스도의 의로 바꿀 때 받으며, 그리스도가 구원받은 사람에게 씌워 주신다. 기쁨의 면류관은 어떤 환경에서도 하나님을 예배하고 찬양하는 사람을 위해 마련되어 있다. 또 영광의 면류관은 예수님의 영광스러운 재림을 간절히 기다리는 사람을 위한 것이다. 나머지 두 면류관은 좀 더 자세히 설명하겠다.

썩지 않는 면류관

운동장에서 달음질하는 자들이 다 달릴지라도 오직 상을 받는 사람은 한 사람인 줄을 너희가 알지 못하느냐 너희도 상을 받도록 이와 같이 달음질하라 이기기를 다투는 자마다 모든 일에 절제하나니 그들은 썩을 승리자의 관을 얻고자 하되 우리는 썩지 아니할 것을 얻고자 하노라 그러므로 나는 달음질하기를 향방 없는 것 같이 아니하고 싸우기를 허공을 치는 것 같이 아니하며 내가 내 몸을 쳐 복종하게 함은 내가 남에게 전파한 후에 자신이 도리어 버림을 당할까 두려워함이로다 (고전 9:24-27)

이 면류관은 달음질의 결과로 얻는 상이다. 어떤 훈련을 받았느냐에 따라 달음질의 결과가 달라진다. 훈련은 그다지 즐거운 일이 아니지만 썩지 않는 면류관을 받을 수 있도록 도와준다. 그리고 성령님은 우리를 훈련시키는 분이시다.

하나님을 슬프게 하지 마십시오. 그분의 마음을 아프게 하지 마십시오. 여러분 안에서 숨 쉬고 움직이시는 하나님의 거룩한 영은 여러분 삶의 가장 깊숙한 곳에 자리하십니다. 성령께서 여러분을 하나님께 합당한 사람으로 만들어 주십니다. 그러한 선물을 당연한 것으로 여기지 마십시오(엡 4:30, 메시지 성경)

모든 행위가 율법에 비추어 옳다 하더라도 그것이 곧 경건한 삶을 살고 있다거나 훌륭한 경주를 하고 있다는 뜻은 아니다. 하나님은 우리의 필요를 잘 아신다. 속도를 높여야 할 때가 언제인지, 늦춰야 할 때가 언제인지 잘 아신다. 우리가 어느 때에 누구와 훈련받아야 하는지, 누구와 거리를 둬야 하는지도 아신다. 그분의 지시를 따를 때 이익을 보는 사람은 다름 아닌 우리 자신이다. 우리는 썩어 없어질 것을 위해 다투지 말고 오로지 영원한 것을 바라보며 달려가야 한다.

너희를 위하여 보물을 땅에 쌓아 두지 말라 거기는 좀과 동록이 해하며 도둑이 구멍을 뚫고 도둑질하느니라 오직 너희를 위하여 보물을 하늘에 쌓아 두라 거기는 좀이나 동록이 해하지 못하며 도둑이 구멍을 뚫지도 못하고 도둑질도 못

하느니라 네 보물 있는 그 곳에는 네 마음도 있느니라(마 6:19-21)

당신의 마음이 천국에 있을 때 천국으로 가는 길을 찾을 수 있을 것이다. 이미 살펴봤지만 보물은 우리 마음에 있으며 이를 지키는 것은 사랑이다. 우리가 사는 세상에는 아름답고 멋진 것들도 넘쳐나지만 우리가 마음껏 달리지 못하게 가로막는 위험한 방해꾼도 존재한다. 성경은 이런 방해꾼에 대해 경고했다.

이 세상이나 세상에 있는 것들을 사랑하지 말라 누구든지 세상을 사랑하면 아버지의 사랑이 그 안에 있지 아니하니 이는 세상에 있는 모든 것이 육신의 정욕과 안목의 정욕과 이생의 자랑이니 다 아버지께로부터 온 것이 아니요 세상으로부터 온 것이라 이 세상도, 그 정욕도 지나가되 오직 하나님의 뜻을 행하는 자는 영원히 거하느니라(요일 2:15-17)

세상의 정욕에 연연하면 우리는 거기에 옴짝달싹하지 못하게 묶이게 된다. 세상의 정욕은 크게 세 가지로 나뉜다.

1. 육신의 정욕, 즉 자신의 방식을 고수하려는 마음이다.
2. 안목의 정욕, 즉 눈에 보이는 모든 것을 탐하는 마음이다.
3. 이생의 자랑, 즉 중요한 사람처럼 보이기를 원하는 마음이다.

당신은 위의 세 가지 정욕 가운데 최소한 한 가지와 씨름하고 있을 것이다. 인생을 살면서 시기별로 세 가지 정욕을 두루 경험할 수도 있다. 인생의 시기에 따라 다른 정욕이 생기기 때문이다. 결혼 후 자녀가 없던 시기에 나는 너무나 이기적이어서 늘 내 방식을 고집했다. 또 눈에 보이는 것들을 많이 갖고 싶어 했다. 감사하게도 그것을 충족시켜 줄 만큼 여유롭지 않았지만, 그렇다고 갖고 싶은 물건이 눈에 들어오지 않았던 것은 아니다. 나이가 들면서는 중요한 사람으로 비치기를 원하는 이생의 자랑이 강해졌다.

이러한 정욕은 세상에 속한 것이며 영원하지 않은 것이다. SNS부터 음악, 광고, 엔터테인먼트에 이르기까지 주변의 모든 것이 세상의 정욕을 부추긴다. 인류 역사상 지금처럼 다른 대륙의 사람에게까지 접근할 수 있는 시대가 있었던가? 인터넷상의 가벼운 관계들로 가까운 사람들과의 친밀함을 대체하고 인간관계의 작은 어려움도 극복하기 싫어하는데, 보이지 않는 하나님과의 관계를 위해 노력할 리 만무하다.

오직 하나님의 뜻을 행하는 자는 영원히 거하느니라 (요일 2:17)

세상의 정욕에서 자유로우려면 자신의 뜻을 내려놓고 하나님의 뜻을 따라야 한다. 오직 하나님 안에만 위험한 집착이 아닌 자유가 있다.

네 마음을 다하며 목숨을 다하며 힘을 다하며 뜻을 다하여 주 너의 하나님을 사

랑하고 또한 네 이웃을 네 자신 같이 사랑하라(눅 10:27)

하나님의 사랑이 삶 가운데 넘쳐나면 이 세상의 방해물은 큰 힘을 발휘하지 못한다. 나는 하나님을 묵상하고 그분의 사랑에 마음을 열 때 나 자신에게 좀 더 관대해지는 것을 느낀다. 나 자신에게 관대해야 다른 사람을 사랑할 수 있다. 또한 하나님께 집중하고 사랑하는 시간에는 공허한 것을 추구할 가능성이 낮다. 하나님과의 관계가 텅 빈 마음속 공간을 채워주기 때문이다.

세상과 벗된 것이 하나님과 원수 됨을 알지 못하느냐 그런즉 누구든지 세상과 벗이 되고자 하는 자는 스스로 하나님과 원수 되는 것이니라(약 4:4)

우리는 이 성경 구절을 얼마나 진지하게 받아들이고 있을까? 아마 고의로 세상과 벗이 되어 하나님과 맞서는 사람은 없을 것이다. 바울이 율법과 은혜 아래에 동시에 거하려는 사람을 비판한 것처럼 야고보 역시 영원한 언약을 지녔으면서도 롯의 아내처럼 이 세상에 미련을 버리지 못하는 사람에 대해 말한 것이다.

바울과 야고보가 비판하는 태도는 이 세상의 정욕에서 비롯되었다. 야고보서 4장 4절에서 야고보가 말한 세상과 벗한다는 뜻은 이 세상에 살고 있는 사람들과 교제한다는 뜻이 아니라 이 세상의 체계와 순응한다는 의미다. 이 세상의 세력이 우리를 지배한다면 우리는 이 세상에 대해 하나님의 자녀로서 권위를 행사할 수 없다. 우리가 부름을 받은 것은 이 세상에 공감하기 위해서가 아니라 애통하기 위해서다.

우리는 세상과 함께 벌거벗지 말고, 벌거벗은 자에게 옷을 입혀 주어야 한다. 즉 우리는 이 세상의 것을 갈망하지 말고, 이 세상에서 굶주린 사람들을 먹여야 한다. 우리는 세상과 함께 병상에 눕지 말고, 세상의 치료자가 되어야 한다. 우리는 하나님 나라에서 파견된 대사로서 왕이신 하나님의 명령만 따라야 한다. 다시 말해 이 세상이 우리에게 도전장을 내밀면 우리는 면류관을 얻기 위해 두려움을 이기고 하나님의 명령에 순종해야 한다.

생명의 면류관

마지막 면류관은 생명의 면류관인데 순교자의 면류관으로도 알려져 있다. 히브리서의 '믿음의 전당'에 기록된 인물들은 생명의 면류관을 얻었다. 이밖에 이름도 알 수 없는 수많은 그리스도의 제자들이 생명의 면류관을 썼다. 생명의 면류관은 이처럼 무엇과도 비교할 수 없는 희생을 한 사람에게 주어진다.

> 네가 죽도록 충성하라 그리하면 내가 생명의 관을 네게 주리라 귀 있는 자는 성령이 교회들에게 하시는 말씀을 들을지어다 이기는 자는 둘째 사망의 해를 받지 아니하리라(계 2:10-11)

오늘날 많은 사람들이 두려움 때문에 실패하고 만다. 폭력, 질병, 기근, 전쟁에 대한 두려움은 죽음에 대한 두려움에서 비롯된 것이고, 중상, 비난, 박해는 인간에 대한 두려움에서 비롯된 것이다. 사탄은 이런 두려움들로 우리를 겁박해 아무 일도 하지 못하게 만들거나 수동적으로 반응하게 만든다. 사탄이 하는 일은 네로 황제가 했던 일과 다르지 않다. 한편으로는 잔인함과 공포로 겁을 주고, 다른 한편에서는 재물과 욕정으로 유혹하는 것이다. 원수는 우리가 소원을 비는 분수 옆에 서서 초조해하며 동전을 던져 넣기를 바란다. 하지만 생명의 면류관을 얻기 위해서 필요한 것은 깊은 우물이다.

최근 나는 하루 사이에 끔찍한 기사를 세 가지나 접했다. 그 중 두 가지는 나와 교제하는 여성 사역자가 전해준 기사였다. 그녀는 이스라엘에서 성매매를 근절하는 일에 헌신하는 단체를 운영하고 있는데, 첫 번째 기사는 IS에 잡혀 성 노예로 착취당하던 150명의 소녀들과 여성들이 자살을 선택했다는 끔찍한 소식이었다. IS는 이에 분개하여 사망자들의 시신을 개에게 먹이로 던져줬다고 한다. 도저히 믿기지가 않아서 기사를 몇 번이나 읽었는지 모른다. 어떻게 이토록 노골적인 악이 존재할 수 있단 말인가? 나는 요한계시록 12장 17절을 떠올렸다.

용이 여자에게 분노하여 돌아가서 그 여자의 남은 자손 곧 하나님의 계명을 지키며 예수의 증거를 가진 자들과 더불어 싸우려고 바다 모래 위에 서 있더라

IS가 저지른 악행은 인간이 저지르기에는 너무나 잔인하다. 용의 분노라고 해야 이해가 된다. 용의 분노는 궁극적으로 '여자'와 '하나님의 계명을 지키며 예수의 증언을 굳게 지키는 자녀들'을 향한다계 12:17, 메시지 성경. 내가 느끼기엔 지난 십 년 동안 악의 세력은 점점 더 커졌으며 이제는 도저히 믿을 수 없는 수준에 도달했다. 두 번째 기사는 쿠란을 외운 남자들에게 성 노예를 상으로 내렸다는 소식이었다. 기사에서 그들에게 이교도를 강간하는 행위는 예배의 일부라고 설명했다. 이 책이 인쇄될 즈음에는 이보다 더 끔찍한 악행이 세계 여기저기서 일어나고 있을 지도 모른다. 세 번째 기사는 직원에게서 전해 받은 소식이다. 내가 일하는 단체는 박해나 가난 때문에 기독교 자료에 접근하기 어려운 나라에 무료로 자료를 나눠주는 사역을 하고 있다. 그런데 우리를 돕던 현지인 이 시리아가 기독교인을 겨냥해 폭격을 가했을 때 목숨을 잃었다. 우리 정보원이 그 친구의 사망 경위를 설명하면서 이런 글을 적어 보냈다. '어떤 사람은 많이 주도록 부름을 받고, 또 어떤 사람은 모든 것을 주도록 부름을 받습니다.'

나는 망연자실했다. 운전을 하면서 유가족에게 어떤 위로의 편지를 건네야 할지 계속 생각했지만 어떤 말도 위로가 될 것 같지 않았다. 나는 순교한 곳과 한참 먼 안전한 내 집에 앉아 편지를 쓸 테니 말이다. 또 내 서재에는 책과 성경이 쌓여 있고, 식품 저장실에는 음식이 가득 차 있으며, 벽장에는 옷이 잘 정돈되어 있다. 그리고 아마 오늘밤 손자들이 와서 웃고 장난치는 사이에 먼 곳에 있는 형제자매의 고통은 어느 새 잊힐 것이다.

한없이 부끄러워졌다. 갑자기 내 인생이 껍데기처럼 느껴졌다. 내 지식과 소유는 손자들이 부는 비눗방울처럼 보잘 것 없어 보였다. 내 속에 '왜'라는 질문이 끊임없이 이어졌다. 바다 건너 여성들은 큰 절망 속에서 스스로 목숨을 끊는데, 나는 왜 이렇게 많은 것을 누리고 있는가? 이 세상에 정의는 있는가? 나는 이 비통한 격차를 이해하고 싶었다. 그러다 어느 순간 깨달았다. 나는 지금 비교를 하고 있구나. 이 세상에 차이가 존재하는 것은 현실이다. 비교해 봐야 아무 소용없는 일이다. 어둠의 세력이 지배하는 이 땅에서 끔찍한 일은 계속 일어날 것이다. 그러나 내게는 선택권이 있다.

사실 박해에 관한 소식은 새로운 이야기가 아니다. 어느 시대에나 일어났던 일이다. 쉰다섯의 내가 이 세상에서는 절대 답을 얻을 수 없는 질문과 씨름하느라 시간을 낭비해서는 안 된다. 이 시대에 일어나는 사건들은 주님이 다시 오시기만을 소망하게 만든다. 그러므로 우리는 그날을 기다리며 우리가 서있는 곳에서 할 수 있는 일을 해야 한다. 분명히 모든 것을 완벽하게 이해할 수 있는 날이 올 것이다. 더불어 우리는 비극이 일어나고 있는 땅을 위해 지금 기도해야 한다.

여러분은 모두 같은 길, 같은 방향으로 나아감으로써, 내적으로나 외적으로 하나가 되도록 부름받았습니다. 여러분은 한 주님, 한 믿음, 한 세례, 한 하나님 아버지를 모시고 있습니다. 이 하나님은 만물을 다스리시고, 만물을 통해 일하시며, 만물 안에 계십니다. 여러분의 존재와 생각과 행위에는 이러한 하나됨이 속속들이 배어 있습니다. 그렇다고 해서 여러분이 다 똑같은 것을 보고 말하고 행해야 한다는 의미는 아닙니다. 우리는 저마다 그리스도의 은혜에 따라 각자에게 알맞은 선물을 받았습니다(엡 4:4-7, 메시지 성경)

당신만이 살 수 있는 삶을 살아라

우리는 많은 것을 받았다. 우리가 가진 모든 것은 하나님의 선물이다. 그 은혜에 감사하면서 우리는 그것을 가지고 이 세상에 힘을 발휘해야 한다.

당신은 경쟁상대가 없는 삶에 초대받은 자녀다.

당신은 경쟁상대가 없는 아버지의 사랑을 받고 있다.

당신은 유일한 시간을 살고 있다.

당신은 경쟁상대가 없는 하나님을 섬긴다.

예수님은 당신을 비교할 수 없는 희생으로 샀다.

당신은 경쟁상대가 없는 소명을 위임받았다.

당신은 경쟁상대가 없는 성령님에게 권능을 받았다.

당신은 당신만의 언어로 하나님을 표현한다.

당신은 유일하신 그리스도의 지체다.

당신은 비교할 수 없는 임무를 부여받았다.

당신은 비교할 수 없는 당신만의 무기를 가지고 있다.

당신은 당신만이 이길 수 있는 전쟁을 위해 부름 받았다.

당신은 당신만이 할 수 있는 기도를 위해 부름 받았다.

지금 우리 앞에는 무엇과도 비교할 수 없는 기회가 놓여 있다. 우리는 경쟁하지 않고도 거둘 수 있으며, 경쟁하지 않고도 영원한 나라에 들어갈 수 있다. 그러므로 이제부터 다른 사람과 경쟁하는 것을 멈추라. '어떤 사람은 많이 주도록 부름을 받고, 또 어떤 사람은 모든 것을 주도록 부름을 받습니다.'는 말을 기억하라.

그리고 하나님이 주신 자존감을 가지고 자신의 존귀하고 특별한 삶을 담대하게 살아가라.

나눔 질문

1. 테클라의 이야기에서 깨달은 것은 무엇인가?

2. 세상과 벗한다는 것이 어떤 의미인지 설명해 보라.

3. 당신만이 살 수 있는 삶은 어떤 삶인가? 또 그러한 삶을 살기 위해 당신은 지금 무엇을 해야 하는가?

미주

3장 비교할 수 없는 약속
1. C. S. Lewis, 홍종락 옮김, 『영광의 무게』, 홍성사, 2008년 – 역자 주

5장 남들이 나를 경쟁자로 볼 때
1. A. L. Duckworth, C. Peterson, M. D. Matthews, and D. R. Kelly, "Grit: Perseverance and Passion for Long-Term Goals," Journal of Personality and Social Psychology 92, no. 6(2007): 1087.
2. MalCom Gladwell, 선대인 옮김, 『다윗과 골리앗』, 21세기북스, 2014년.

6장 경쟁하지 않는 성(gender)
1. Mark Driscoll, On Church Leadership (Wheaton, IL: Crossway, 2008).
2. Kris Vallotton, Fashioned to Reign (Grand Rapids: Chosen, 2013), chap. 7.
3. Gilbert Bilezikian, Beyond Sex Roles: What the Bible Says about a Woman's Place in Church and Family, 3rd ed. (Grand Rapids: Baker, 2006).

7장 두려움과 사랑
1. C. S. Lewis, 이종태 옮김, 『네 가지 사랑』, 홍성사, 2005년.
2. Kent M. Keith, 문채원 옮김, 『그래도』, 더난출판, 2003년.

9장 경쟁상대가 없는 하나님의 자녀
1. http://oca.org/saints/lives/2015/05/10/39-sunday-of-the-samaritan-woman. http://www.pravoslavie.ru/english/print79178.htm.
2. Christopher Henry Dawson, Religion and World History: A Selection from the Works of Christopher Dawson (Garden City, NJ: Image Books, 1975).
3. 이 단락에 서술된 팩트는 다음 기사를 발췌 및 정리한 것이다: Robyn Dixon, "At Kenya College, Christian Students Foretold Massacre," Los Angeles Times, April 5, 2015; "Gunmen Kill 147 at University in Kenya," Chicago Tribune, April 3, 2015; "At Least 147 Killed in Islamic Terror Attack at Kenya University Targeting Christian Students," KTLA.com, April 2, 2015.

10장 경쟁상대가 없는 삶
1. 테클라의 일생에 관련한 보다 자세한 자료는 다음을 참고: http://www.pbs.org/wgbh/pages/frontline/shows/religion/maps/primary/thecla.html (외경 행전의 기사); http://www.antiochian.org/life_of_thekla; http://dce.oca.org/asset/templates/bulletin.cfm?mode=html&id=101; http://www.newadvent.org/cathen/14564a.htm.
2. Henry Clarence Thiessen, 권혁봉 옮김, 『조직신학강론』, 생명의말씀사, 1992년.

Copyright © 2016 by Lisa Bevere
Originally published in English under the title Without Rival
by Revell, a division of Baker Publishing Group,
Grand Rapids, Michigan, 49516, U.S.A.
All rights reserved

리사 비비어의 자존감

초판 1쇄 펴낸 날 | 2017년 11월 25일

지은이 | 리사 비비어
옮긴이 | 박홍경

펴낸이 | 우수명
펴낸곳 | 도서출판 터치북스
편집장 | 이강임
디자인 | 표지 홍시_송민기
　　　　　내지 김한희
등록번호 | 제 129-81-80357호(2005.1.12)
주　 소 | 서울시 강남구 테헤란로 25길 30 4층
편집부 | **전화** 02-538-3959 **팩스** 02-566-7754

ISBN 979-11-85098-32-6(03230)
■ 책값은 뒤표지에 있습니다.
■ 잘못된 책은 구입하신 서점에서 교환해 드립니다.

터치북스는 이렇게 만듭니다.
1. 마음과 영혼을 울리는 책을 만듭니다.
2. 경건한 독자들의 지성과 성품에 어울리는 책을 만듭니다.
3. 세월이 흘러도 간직하고 싶은 책을 만듭니다.
4. 영혼의 성장에 꼭 필요한 책을 만듭니다.
5. 출판으로 교회와 독자들을 섬기겠습니다.